A FELICIDADE PARA ALÉM DA ILUSÃO

GABRIEL ROLÓN

A FELICIDADE PARA ALÉM DA ILUSÃO

Tradução

Sandra Martha Dolinsky

PAIDÓS

Título original: *La felicidad. Más allá de la ilusión*

Preparação: Ana Maria Fiorini
Revisão: Valquíria Matiolli e Ana Laura Valerio
Projeto gráfico e diagramação: Matheus Nagao
Capa: Mateus Valadares

Dados Internacionais de Catalogação na Publicação (CIP)
Angélica Ilacqua CRB-8/7057

Rolón, Gabriel
A felicidade : para além da ilusão / Gabriel Rolón ; tradução de Sandra Martha Dolinsky. - São Paulo : Planeta do Brasil, 2025.
272 p.

ISBN 978-85-422-3845-7
Título original: La felicidad. Más allá de la ilusión

1. Psicanálise 2. Felicidade I. Título II. Dolinsky, Martha

25-3912 CDD 150.195

Índices para catálogo sistemático:
1. Psicanálise

MISTO
Papel | Apoiando o manejo florestal responsável
FSC® C112738

Ao escolher este livro, você está apoiando o manejo responsável das florestas do mundo

2025
Todos os direitos desta edição reservados à
Editora Planeta do Brasil Ltda.
Rua Bela Cintra 986, 4º andar – Consolação
São Paulo – SP – 01415-002
www.planetadelivros.com.br
faleconosco@editoraplaneta.com.br

Acreditamos nos livros

Este livro foi composto em Mercury Text e Optima e impresso pela Lis Gráfica para a Editora Planeta do Brasil em setembro de 2025.

Jorge, irmão, jamais esqueço...
Sempre nas festas!

A Cynthia Wila, pelo tempo dedicado a esta obra. E por tanto amor.

A Mariano Valerio e a Nicolás Tolcachier, por suas horas de remo a meu lado.

A Nacho Iraola... mais um, amigo.

A Adriana Fernández, por participar desta viagem.

A Gastón Etchegaray e a cada um dos meus amigos do Grupo Editorial Planeta.

A Martín Izquierdo, por sugerir esta ideia.

A Andy Kustnetzoff. E, sim... ficamos amigos.

A todos os meus companheiros de "Perros de la calle", que já são parte de meus afetos.

A Charlie Nieto, por me animar, em cada camarim, a não desanimar.

À minha família, sempre.

Se por uma estranha sorte atravessamos a vida encontrando somente pessoas infelizes, não é acidental; não poderia ser de outro jeito. Pensamos que gente feliz deve estar em algum lugar. Pois bem, se não tiramos isso da cabeça, é porque não entendemos nada de psicanálise.

Jacques Lacan

SUMÁRIO

III

A FELICIDADE DEPENDE DE NÓS

IV

A FELICIDADE EM TEMPOS DE DESFRUTE

V

APESAR DO HORROR

PRÓLOGO

Tudo começou na volta.

Era madrugada. Em meio à névoa, eu conversava com meu amigo Martín. Era um papo íntimo e descontraído. Durante muitos quilômetros o amor, a solidão, a esperança, a dor e a paixão foram companheiros de estrada. De repente, ele olhou para mim e disse: "Você deveria escrever um livro sobre felicidade".

Respondi que isso era impossível. Um analista está familiarizado com a angústia, com o desejo, mas não com a felicidade. Ele não concordou, mas desistiu de tentar me convencer. Durante alguns minutos, viajamos em silêncio. Mas era tarde demais. Não pude mais parar de pensar na ideia.

Meses depois, em "Perros de la calle", o programa de rádio no qual, uma vez por semana, nós nos entregamos à livre associação e ao pensamento, Andy Kustnetzoff, o apresentador, me desafiou para um jogo: no fim de minha participação, eu teria que propor uma fórmula para ser feliz.

Eu ri. Claro que para um psicanalista não existem receitas nem conselhos. Um analista não é um fornecedor de respostas, e sim um gerador de perguntas. Mas aceitei o desafio, e concordamos em estabelecer um limite: dez.

Foi assim que, durante dez semanas, dependendo do tema que houvesse sido trabalhado, improvisei algumas ideias.

Esta foi a lista que surgiu:

— Nunca tome uma decisão que não possa sustentar. Ninguém pode ser feliz quando tem que conviver com decisões insustentáveis.
— Todos nós atravessamos momentos difíceis e carregamos feridas que nem sempre vão se curar. Não deixemos que as sombras do passado obscureçam o presente.
— Não devemos estar com alguém só para preencher um vazio. Esteja com alguém quando possa se sentir bem sozinho com seus vazios.
— Não acredite que ser feliz é estar completo.
— Viva de modo que possa olhar para dentro sem sentir vergonha de quem é.
— Há coisas imperdoáveis. Trabalhe para eximir aquelas que podem ser perdoadas. E jamais fique com alguém a quem não possa perdoar.
— Assim como nem todos os amores merecem ser vividos, nem todas as batalhas merecem ser travadas. Há batalhas em que convém ceder, mesmo tendo razão, porque, para ser feliz, às vezes é preferível ter paz, e não razão.
— Nem todos os desejos podem se realizar. Por isso, não se apegue a ilusões impossíveis, mas jamais abdique de um sonho nem deixe de lutar antes da hora.
— Renuncie ao otimismo e à esperança, essas coisas enganosas que nos fazem crer que seremos felizes. É preferível uma tristeza verdadeira a uma felicidade falsa.
— A vida é um lugar muito difícil e tendemos a idealizar as coisas: o amor, a amizade, a vida em si. Não idealize também a felicidade. Se houver a opção de ser feliz, nunca será sem um pouco de tristeza, sem um pouco de ausência, sem um pouco de dor, sem certa solidão e sem faltas. Se alguma felicidade é possível, é preciso aceitar que será uma felicidade imperfeita.

Assim nasceu esta obra.

Foi um caminho sinuoso. Uma deriva que me levou do passado ao futuro, da recordação emocionada à reflexão, no qual os pensamentos de madrugada e as ideias paralelas encontraram um espaço para se desenvolver.

Pensar na felicidade talvez seja pensar em um vazio, em uma borda, em um espaço intermitente que se percebe de repente e logo vai embora, quem sabe para onde. Como o Inconsciente.

Este foi o livro mais difícil de escrever para mim.

E confesso que o termino com uma sensação estranha.

Uma sensação de *faltacidade*.

INTRODUÇÃO

Todos seremos ausência.

Todos seremos chorados.

Assim coloquei um ponto-final em *El duelo*,* meu livro anterior. Com essa sensação estranha gerada pelo fato de nos despedirmos de um tema sobre o qual trabalhamos quase uma vida inteira. Anos de leitura e pensamento dedicados a esse processo doloroso que todos que já perderam algo que amavam devem percorrer, visto que ninguém tem que chorar pelo que não amou. Estar de luto implica reconhecer duas coisas: primeiro, que amamos, e, segundo, que perdemos.

Aquela tarde escrevi meu nome, a data e a palavra "fim", mas estava enganado. Novas perguntas ancoradas no tema haviam ficado em minha mente. Se é verdade que todos seremos ausência, um ser atravessado pela certeza de sua morte pode aspirar à felicidade? Já me perguntaram se eu era feliz. Assim como Borges, pensei: sou humano, sou mortal, como posso ser feliz?

Uma resposta dramática, mas acertada.

Assim colocado, parece impossível que o ser humano e a felicidade convivam em um mesmo espaço. Porém, como Borges mesmo sugeriu, se em todos os idiomas se deram ao trabalho de inventar a palavra, é bem provável que também exista o fato. Provável, sim, mas não certeza.

* Em espanhol, *duelo* significa luto. [N.T.]

Não é por acaso que esse tema inquietou os grandes pensadores da história. A filosofia e as religiões, com suas teorias e promessas, não fizeram mais do que tentar decifrar o enigma. Contudo, a felicidade continua aí, misteriosa como sempre. Como este divã vazio.

Faço um café para mim e penso.

Faço isso quando estou sozinho no consultório; quando acaba o dia ou na pausa entre uma sessão e outra. Nesses minutos em que ainda ecoam as palavras de um paciente e se antecipam as do próximo. Não sei por quê. Talvez seja uma forma de expulsar um resto de angústia que não me pertence, ou um modo de me preparar para escutar angústias novas, também alheias. Ou próprias, por que não? Afinal de contas, o espaço analítico é um lugar onde palavras e emoções se cruzam e já não pertencem nem ao paciente nem ao analista, e sim a esse âmbito particular em que o Inconsciente de um e outro se entrelaçam em um nó que sussurra uma verdade.

Há muitos anos, quando comecei a exercer a psicanálise, eu ficava atento para ver se aparecia alguma manifestação do Inconsciente em meus pacientes. Espreitava como essas gárgulas que olham de cima das catedrais. Com o tempo, entendi que estava enganado. O Inconsciente não é uma caixa escura que habita dentro do analisado. É uma centelha que nasce e morre imediatamente e reside no mundo particular do consultório. Não pertence nem ao paciente nem ao analista, e sim ao vínculo que se estabelece entre ambos, e o melhor que posso fazer é esperar. Com paciência, com o compromisso ético de escutar uma verdade que ainda não encontra maneira de se fazer ouvir. Sem ansiedade. Um analista ansioso é uma muralha difícil de franquear. Quando isso ocorre, o Inconsciente se ausenta e o tratamento empaca.

Não há aí nada de novo. Há décadas, Freud recomendou ao analista manter a "atenção flutuante". Um estado de calma que lhe permite alojar a angústia e perceber os mistérios do paciente. Eu sabia disso na época, mas precisei de anos para encarnar esse saber.

Volto da cozinha.

Amo meu consultório, é como o sonhei. Do lado da janela que dá para a rua fica o divã. Atrás, nessa disposição estranha que nenhuma outra relação além do vínculo analítico pode justificar, encontra-se minha poltrona. Em frente a ela, uma mesa baixinha, e do outro lado um sofá de três lugares onde se sentam as pessoas que trabalham comigo cara a cara.

No meio do espaço há uma mesa, o lugar onde leio, penso ou escrevo. Atrás dela a biblioteca, refúgio de minhas obsessões. Percorro-a com a vista. Gosto dela, me faz relaxar, e às vezes me inquieta. Nela estão os livros que li, os que esperam ser lidos e os que não lerei jamais. Porque a vida é tempo, e minhas obsessões são mais numerosas que meus dias.

À direita, debaixo de um teto de vidro que deixa entrar luz natural, está o piano, emblema do desejo mais forte de minha vida. Um desejo que em minha infância foi impossível alcançar. Naquela época, piano era um luxo ao qual só as famílias ricas podiam se dar. Meu pai era pedreiro e minha mãe fazia vestidinhos para bonecas. Isso não me impediu de manifestar meu desejo. Foi assim que um sábado, na hora do almoço, meu pai voltou da obra com uma sacola de papel pardo e, dentro, um violão usado que havia comprado de um colega de trabalho. Felicidade e desilusão. Felicidade por saber que ele havia escutado meu sonho de ser músico. Desilusão por entender que o piano não era uma possibilidade para mim.

Três dias depois, comecei a fazer aulas de violão. Não foi um ato de resignação nem conformismo. Ao contrário, nessas aulas fui feliz.

Para não ficarmos presos na frustração, muitas vezes temos que adequar o desejado ao possível.

Quando fiz quarenta e dois anos, pude por fim comprar um piano, e por um momento tive a ilusão de que chegaria a ser pianista, como sonhava quando era pequeno. Por que não? Meus anos de estudo me permitiam ler partituras, compor, e meus dedos acostumados às exigências do violão se moviam com destreza. Não podia mais postergar. Às vezes, a postergação impede a felicidade. Por isso, tornei a dedicar horas de minha vida ao estudo, tentando decifrar os mistérios de um instrumento cuja técnica eu desconhecia.

No Oriente, falam da existência de guerreiros que treinavam a vida inteira para caçar dragões, mesmo sabendo que dragões não existem. É um ato nobre dedicar-se a aperfeiçoar uma arte que jamais será usada, com o único propósito de ser melhor. Algo parecido acontece comigo e o piano. Hoje eu sei: nunca serei pianista. Não darei um concerto nem dirigirei uma orquestra. Mesmo assim, entrego a ele muito tempo e cada passagem que consigo resolver gera em mim um sentimento tão forte quanto estranho. Talvez essa seja uma das formas da felicidade.

* * *

Nunca alguém entrou em meu consultório dizendo que era feliz. Como se a felicidade e a análise se excluíssem. E talvez seja isso mesmo. A verdade é que toda pessoa que atravessa minha porta pela primeira vez traz uma dor. Por isso, eu sei bem do que se trata. Já a vi nos olhos desesperados de Martina, uma mãe que perdeu uma filha; no desespero de Majo, uma adolescente que descobriu que tinha uma doença terminal; ou na angústia de um homem ou uma mulher que descobriram uma traição. Não importa como se apresente. Em todas as suas formas, o sofrimento e eu nos conhecemos muito bem. Somos rivais que lutam diariamente. Às vezes ele ganha, outras vezes, por sorte, não. De qualquer maneira, como os heróis do Valhalla que morriam em batalha e ressuscitavam na manhã seguinte para retomar a luta, a cada dia volto ao consultório para enfrentar a dor mais uma vez.

Por outro lado, a felicidade é uma visita pouco frequente. Um anseio que, consciente ou inconscientemente, percorre quem se consulta comigo. Cada um, a seu modo, vem me ver para que eu o ajude a ser feliz. Ignoram que não é esse o propósito de uma análise. O analista não promete nem busca a felicidade de seu paciente. O convite é outro. O desafio é acompanhá-lo a visitar seus recantos mais obscuros, suas emoções mais dolorosas, tentando afastar o véu que cobre esses segredos que não querem compartilhar com ninguém, nem sequer consigo mesmos. Segredos mudos que fazem adoecer.

Se o paciente aceita o desafio, começa a análise. Um caminho árduo e provavelmente extenso.

Às vezes, perguntam-me sobre a alta, esse momento em que o tratamento chega ao fim.

Jacques Lacan nunca sugeriu que o paciente de alta iria embora feliz. Apenas insinuou que essa pessoa deixaria a análise preparada para suportar sua solidão sem ser atormentada pela tristeza. O escritor uruguaio Enrique Estrázulas escreveu um livro maravilhoso intitulado *Soledades pobladas de mujeres*. Eu me permito parafraseá-lo e pensar que, no fim de uma análise, o paciente se encontra em paz com suas solidões povoadas de fantasmas, de orgasmos que ainda emocionam e de noites de angústia devido a um amor perdido. Penso em minhas próprias solidões, onde habitam ao mesmo tempo o pai todo-poderoso que eu construí na infância e o homem que me acordava com seu pranto de madrugada quando, em algum sonho, revivia sua infância em um orfanato.

A solidão é um tema complexo, paradoxal até. Porque nunca estamos menos sozinhos que quando estamos sozinhos. Nesses momentos em que somos nós e nossas feridas, nós e nosso corpo, nós e a história que nos percorre e determina. Enfim, nós e tudo isso que nos habita no momento mais íntimo: a solidão.

Surgem os ascetas em minha mente. Homens e mulheres que se afastavam dos prazeres do mundo em busca da perfeição espiritual. Acreditavam que, sem as distrações que propõe a vida cotidiana, Deus estaria mais perto. Para fortalecer seu ânimo, eles se retiravam aos desertos, suportavam o calor e resistiam à fome e às chuvas. E mesmo ali, longe de tudo, naquela solidão plena, experimentavam uma invasão de tentações, imagens e demônios.

O escritor francês Jacques Lacarrière escreveu sobre os ascetas em seu livro *Padres do deserto – homens embriagados de Deus*:

> *Não se vive impunemente a experiência de uma ruptura total com o mundo, não se jejua durante anos, mergulhado em uma caverna ou exposto às queimaduras do sol, sem que a personalidade se sinta profundamente transtornada. Tamanha provação, levada ao longo*

de toda uma vida, acaba criando no asceta certos fenômenos psíquicos acerca dos quais os textos aportam notáveis testemunhos. Essas figuras fantásticas que apareciam para os eremitas, esses demônios, essas criaturas fantasmagóricas que iam tentar o asceta constituem o cortejo inevitável de todos aqueles que acreditaram se livrar para sempre do mundo, mas cujo cortejo de imagens agressivas ou sedutoras não puderam evitar.

A seu modo, Lacarrière assume que o ascetismo é um sacrifício em vão. Embora longe do mundo e de suas tentações, imagens nascidas do desejo e de pulsões que não podemos eludir virão nos visitar sob a forma de sombras ou demônios.

No tango "Soledad", o poeta Alfredo Lepera descreve os pensamentos de um homem que foi abandonado pela mulher que ama e está sozinho.

En la plateada esfera del reloj,
las horas que agonizan se niegan a pasar.
Hay un desfile de extrañas figuras
que me contemplan con burlón mirar.

Es una caravana interminable
que se hunde en el olvido con su mueca espectral,
se va con ella tu boca que era mía,
sólo me queda la angustia de mi mal.[1]

Uma caravana interminável. Um desfile de estranhas figuras que o contemplam com olhar debochado.

1 "Na prateada esfera do relógio,/ as horas que agonizam se recusam a passar./ Há um desfile de estranhas figuras/ que me contemplam com debochado olhar./ É uma caravana interminável/ que afunda no esquecimento com sua careta espectral,/ vai com ela sua boca que era minha,/ só me resta a angústia de meu mal."

Solidão afantasmada.

Solidão sem entretenimentos infrutíferos.

Lacan pensava que se podia dar alta ao paciente que no decorrer da análise houvesse aprendido a conviver com seus fantasmas. Concordo. A análise não persegue a meta de transformar o paciente em uma pessoa feliz. Essa é a utopia de certas terapias que apostam no voluntarismo, no querer é poder, na trapaça que faz do terapeuta alguém capaz de conseguir que uma pessoa realize todos os seus sonhos. Isso é impossível. Logo falaremos mais sobre esse assunto.

É preciso aceitar a verdade: a alta não implica a conquista da felicidade.

Em seu livro *Sim, a psicanálise cura!*, Juan-David Nasio escreveu:

> *O paciente curado reconhece seus defeitos e valoriza suas qualidades, sem exageros. Já não se sente nem o mais insignificante dos homens nem o mais inteligente [...]*
>
> *O paciente curado aprendeu que nenhuma dor é definitiva, nem absoluta, nem total, e que sempre conservamos dentro de nós recursos insuspeitados para nos reerguermos. Estar curado é poder reagir ao inesperado, por mais doloroso que seja, e reencontrar a capacidade de amar e agir [...]*
>
> *Sempre restará uma parte de sofrimento, um sofrimento irredutível, inerente à vida, necessário à vida. Viver sem sofrimento não é viver.*

Destaco esta última frase: viver sem sofrimento não é viver.

Talvez por isso o consultório seja um lugar sofredor. Porque é um lugar vital. O sofrimento e a vida são inseparáveis. Mas isso não é um olhar masoquista. Não se trata de perseguir nem desejar o sofrimento, e sim de reconhecê-lo como uma experiência inevitável. Mas temos que lutar para que esse sofrimento inerente à vida não se torne um tormento. Por isso a psicanálise. Para ajudar a pessoa a resolver seus sofrimentos e suportar a dor inevitável que implica estar vivo.

Então, resta lugar para a felicidade?

Muito, desde que não se pense nela de uma maneira ingênua. A felicidade concebida pelo ideal mercantilista, como uma obrigação que faz a pessoa se sentir culpada por estar mal, por atravessar um luto, por chorar a perda de um amor, não encontra lugar na análise. Ao contrário, o consultório abre suas portas com base no respeito para dizer: que entre quem estiver sofrendo, pois aqui não terá que se envergonhar de sua dor.

A vida é um lugar difícil, e o analista deve trabalhar para que o paciente possa conviver com suas faltas sem necessidade de se distrair no caminho para não ver a dificuldade que implica estar vivo.

Então, a análise promove a felicidade, ou consegue fazer que alguém seja mais feliz? Talvez possamos responder a essa pergunta mais adiante.

* * *

Este livro parte da dúvida e de um questionamento: o que é felicidade?

Se revisarmos o que foi escrito ao longo da história por pessoas que pensaram sobre o tema, a definição de felicidade encontra sentidos diferentes. A palavra em si parece ser um repositório cheio de teorias que se pretendem acertadas e, às vezes, chocam-se entre si. Platão e a virtude, Aristóteles e o fim supremo, Epicuro e o prazer, Kant e a busca do dever, Heidegger e a vida inautêntica, Byung-Chul Han e sua crítica a esta sociedade que sente fobia à dor, Nietzsche e a vontade de poder, Bertrand Russell e uma conquista impossível, Comte-Sponville e o desespero. Pensadores que, de um modo direto ou velado, habitarão estas páginas.

Não tenho certezas, mas posso garantir que a felicidade não está nas falsas metas que a cultura contemporânea nos propõe. Não a alcançaremos com conquistas materiais, com mais reconhecimento nas redes sociais, nem ao atender às expectativas familiares, porque é possível que nenhuma dessas coisas tenha a ver com nosso desejo.

Somos tão percorridos por opiniões alheias que acabamos excêntricos a nós mesmos. Vivemos alienados ao discurso dos outros, e a análise se propõe a calar esses discursos "outros", tentando fazer que, pelo menos como um sussurro distante, o paciente possa escutar sua própria voz. Só quando isso acontecer é que a análise se porá em movimento. Depois, veremos aonde nos leva. Talvez devamos abandonar o que achamos que nos faz felizes para ser nós mesmos. Também é possível que aprendamos a valorizar algumas coisas que, por estarem próximas, não apreciamos. Não será um trabalho fácil. Trata-se, ao mesmo tempo, de uma luta e de uma escolha.

Muitos pacientes abandonam o tratamento porque se assustam. Tudo tem um preço, e o caminho que leva para si mesmo não é uma exceção. Então, ao compreender as perdas que se aproximam, esses pacientes escolhem o ruído gerado pelas realidades que não lhes pertencem.

Há também os outros. Amigos, família, pessoas que, com suas opiniões, muitas vezes interferem no tratamento.

O paciente se debate entre essas vozes e outras que, de dentro, ficam dando tapas para se fazer ouvir. Tapas que chamamos de "Formações do Inconsciente" (lapsos, atos falhos, piadas, sonhos e sintomas). Experiências que põem em jogo algo desconhecido que, contudo, é tão próprio que revela que o que julgamos ser pouco tem a ver com o que realmente somos.

Uma leitura voluntariosa dos textos de Freud deu origem à chamada "psicologia do Eu". Uma escola que pensou que o caminho estava em fortalecer a personalidade do paciente e alimentar sua autoestima. Longe disso, o analista sabe que o "Eu" é uma enganação, um véu, uma armadilha que montamos para não aceitar o fato de que não se pode tudo (é a isso que nós, analistas, nos referimos quando falamos de "castração"), porque sempre haverá algo impossível de obter.

Todo sujeito humano é percorrido por uma falta da qual tenta escapar construindo uma identidade imaginária, um suposto ser. A análise, longe de fugir do vazio, busca fazer que o paciente se aproxime dele o máximo que puder. Surge, então, uma pergunta: nesse ponto de máxima proximidade do abismo, existe alguma possibilidade de ser feliz?

E de novo aparece o anseio de felicidade.

Nietzsche pensava que a busca da felicidade não era mais que um desperdício de tempo de vida. Seja como for, a cada dia, ao entrar no consultório, eu ponho as luvas e retomo minha batalha.

Em *El duelo*, comparei o analista com Virgílio, poeta que guiou Dante em *A divina comédia*, porque, assim como ele, acompanhamos nossos pacientes no trajeto por seus infernos pessoais. Agora, dou um passo além e afirmo que também caminhamos ao lado deles pelo Purgatório, o lugar ao qual chegam aqueles que não foram condenados ao Inferno, mas ainda não estão preparados para entrar no Paraíso.

Assim como Dante dividiu o Inferno em círculos, o Purgatório é composto por sete voltas nas quais a alma vai expurgando seus pecados. Ao entrar, gravam-se nela sete "P", que representam cada um dos pecados capitais: soberba, inveja, ira, preguiça, avareza, gula e luxúria. À medida que a alma avança pelos círculos, esses pecados são expurgados e os "P" vão se apagando um depois do outro. Segundo Alighieri, só quando não restar mais nenhum, depois da expiação e do arrependimento, a alma estará pronta para entrar no Paraíso.

Como fizemos com o Inferno, podemos também fazer uma analogia entre a análise e o Purgatório, com a diferença de que, em vez de apagar os "P" de seus pecados, o paciente deverá resolver os "T" de seus traumas para se livrar dos "S" dos sintomas que o atormentam. Livrar-se ou, ao menos, aprender a fazer algo diferente apesar deles. Mas isso basta para ser feliz? É possível que não. Por isso, a análise tenta ir um pouco além. Só um pouco, mas o suficiente para fazer do paciente uma pessoa diferente. Uma pessoa que, como diz Jorge Beckerman, nunca teria sido se não tivesse feito análise.

Enquanto termino meu café, eu me pergunto o que me motiva a acompanhar meus pacientes em uma viagem tão incerta. O enigma que representam, o desejo de aliviar seus sofrimentos ou o desafio de me aproximar do mistério da felicidade? Não sei. Só sei que será um processo complicado. Já dissemos: quem entra no consultório não é feliz. Mas por acaso o é quem não chega a uma análise? Esses desconhecidos que caminham pelas ruas foram felizes um dia?

É uma frase muito repetida, sim, mas a vida nos traz surpresas e, muitas vezes, circunstâncias indesejadas abrem portas que nem sequer suspeitávamos que existiam.

Quando eu tinha catorze anos, um fato desafortunado obrigou minha família a abandonar a casa em que vivíamos no bairro Liniers para voltar por alguns meses a Gregorio de Laferrere. Eu havia nascido nesse lugar, do qual, por outro infortúnio, saímos quando eu tinha cinco anos. E, aos catorze anos, estava voltando.

Acolhidos pela generosidade de um tio, ficamos em um quarto à espera de que o apartamento no qual iríamos morar fosse desocupado.

No início, a mudança foi dura para mim. Aquelas ruas das quais eu havia me despedido com dor no coração dez anos antes já não eram minhas ruas. Eu mesmo havia me transformado em um desconhecido para meus amigos de infância. Porém, o carinho da família fez sua parte mágica e, quando eu estava começando a me sentir bem, o esperado apartamento ficou livre. E nos mudamos.

No norte da Grande Buenos Aires, Florida é uma área muito bonita, mas me era estranha. Com minha família na localidade de La Matanza e meus amigos da escola no Liniers, eu me sentia isolado e com poucas possibilidades de formar novos vínculos. Foi quando passei a sofrer a solidão dos domingos, esse momento em que a vida parece ficar mais pesada. Depois do almoço, meus pais descansavam e eu ficava fatalmente sozinho diante da imensidão de um tempo que não queria avançar. Como escreveu Lepera: *as horas que agonizam se recusam a passar*. E foi quando a descobri. A apenas seis quarteirões de meu novo lar ficava a estação de trem, e numa daquelas tardes lentas de domingo peguei um livro, *Os miseráveis*, fui até lá e tomei o trem que ia até Retiro. Ao chegar, comprei um bilhete de metrô e realizei todas as combinações possíveis enquanto lia, emocionado, a obra de Victor Hugo. Sem que eu notasse, anoiteceu e voltei para a estação para voltar para casa. Depois de tantas semanas de inquietude, eu havia descoberto: ser feliz não era impossível. Bastava uma passagem de ida e volta a Retiro, uma ficha de metrô e um livro.

A partir desse dia, os domingos se transformaram, para mim, no momento mais esperado da semana. E foi em uma dessas leituras que encontrei uma ideia de Cortázar: um homem que caminhava pelas madrugadas se perguntando o que as pessoas que permaneciam com as luzes acesas em suas casas deviam estar fazendo àquela hora. Cada janela iluminada escondia um mistério.

A ideia me comoveu e, ao levantar o olhar, eu me perguntei no que aquela mulher que viajava dois bancos à minha frente devia estar pensando. Por que tinha aquele olhar triste... ou talvez pensativo? Quem estava indo ver? De onde vinha? Quais eram seus sonhos? Quais eram suas angústias?

Com o tempo, decifrar esses mistérios se tornou uma atividade tão apaixonante quanto a leitura.

Hoje, tanto tempo depois, entendo que esse interesse, essa obsessão por conhecer os mundos que habitam cada pessoa foi fundamental para meu ofício de escritor. Afinal de contas, que mais faz um autor além de narrar os universos possíveis de seus personagens?

Há pouco tempo, em um bar da rua Florida, tive uma surpresa. Enquanto tomávamos um café, Juan-David Nasio me confessou que sempre tentava deduzir quais pensamentos e emoções percorriam as pessoas com quem ele cruzava nas ruas. Do que conversavam os casais que jantavam à mesa ao lado? Ainda se amavam? Estavam organizando uma viagem ou falando de divórcio? Fiquei olhando para ele em silêncio.

— Acredite — disse ele —, é uma tarefa que todo analista deveria fazer.

E sorri ao descobrir que, sem saber, durante toda minha adolescência, em cada uma daquelas viagens de domingo, eu estava me preparando para ser analista.

Continuo tendo esse costume.

Quando atravesso uma praça e vejo alguém sentado sozinho em um banco, quando um homem xinga da janela de um carro ou uma mulher leva um bebê no colo, eu me pergunto: o que pensam? O que sentem? Estão onde queriam estar? Estão com quem desejam estar? Essa é a vida com que sonhavam? E, apesar desse exercício cotidiano, o mistério permanece intacto. Mas pude compreender algumas coisas: que ninguém tem tudo; que cada ser humano convive com uma falta impossível de ser preenchida, e que, apesar disso, a maioria continua lutando, fazendo projetos e apostando em seus desejos. Pelo menos assim foram os caminhantes que cruzaram minha vida, meus companheiros de trens e metrôs, inclusive os personagens de minhas leituras, como meu amado Jean Valjean. Seres com a esperança de alcançar uma felicidade que suavize suas feridas.

E penso em Voltaire: *buscamos a felicidade sem saber onde, como os bêbados buscam sua casa, sabendo que têm uma.*

Será verdade? Será que existe uma felicidade nos esperando? Já fomos felizes um dia? Ou seremos algum dia?

A campainha interrompe meus pensamentos. Chegou o próximo paciente. Agora, vou abrir a porta para encontrar outro ser humano. Com seus anseios, suas dores e seus prantos.

E assim, com a confirmação do destino inevitável que este consultório tem, começo uma nova viagem.

I

TERRITÓRIOS E TEMPOS DE FELICIDADE

Em que canto, minha lua, derramas,
como antes, tua clara alegria?

Cátulo Castillo

1
FELICIDADE E PASSADO

Nos anos de experiência que tenho como analista, percebi em muitos pacientes a saudade da infância, como se aquele tempo tivesse sido um momento de felicidade plena. Às vezes, no balanço da vida aparece a "pátria da infância" como um espaço cristalino onde recordamos o sorriso, as brincadeiras, as primeiras amizades. É possível que a ausência de preocupações, de deveres adultos, de responsabilidades de vida e financeiras daquele tempo nos faça pensar assim. Mas isso é realmente verdade?

Eu acho que se trata de uma falácia.

Encontramos a felicidade no ontem de uma maneira enganosa, como quem nos mostra uma fotografia na qual está diante de um lago nas montanhas, e nos conta como foi feliz nessa ocasião. Porém, é possível que esteja enganado, que naquele momento sua preocupação fosse capturar a melhor imagem, em vez de viver o instante.

Talvez alguém tenha tido uma infância feliz, mas, quando isso é forçado, quando se busca desesperadamente a felicidade na infância, acomodam-se e se agigantam lembranças que talvez não tenham sido tão felizes. Pode ser que, na distância, sejamos invadidos pela ideia de que devemos ter sido felizes naquele momento. Então, a psique faz uma espécie de "edição": acrescenta detalhes que faltaram e tira alguns, uns tristes e outros cruéis, para transformar aquele "passado real" em um passado feliz.

Certa vez, pedi a Daniela, uma paciente que cultuava sua infância, que fizéssemos um exercício. Para a sessão seguinte, ela deveria trazer uma foto da infância que refletisse um momento feliz. Na semana seguinte, ela chegou com uma fotografia na qual se via o jardim de sua casa, suas irmãs e seus pais. E lá estava ela, com seis ou sete anos. Sorriu. Perguntei o que estava pensando.

— Que lindo! — disse ela. — Como minha mãe era jovem!

Sua voz tremeu e ela ficou em silêncio. Pedi que me dissesse o que estava passando por sua cabeça naquele momento.

— O que quer que eu diga? Não vê como éramos felizes?

Olhei a foto e perguntei sobre suas irmãs, que a abraçavam na imagem.

— Esta é Lucía — apontou. — E esta outra, Lourdes — com quem ela não falava havia cinco anos. — Minha mãe era linda. E, como eu disse, nessa foto ela era muito jovem. Mais nova do que eu agora.

Devolvi a foto para que ela a pudesse olhar.

— Estou enganado ou você não está sorrindo como os outros?

Ela observou a foto por alguns segundos.

— É que eles me obrigaram a sair na foto. Eu estava brincando com Leila, minha melhor amiga, e tive que parar porque minha mãe foi me buscar.

— Entendi. E você não queria ir?

— De jeito nenhum.

— Por isso saiu séria... brava?

— Pode ser.

— Então, você não estava feliz.

Ela olhou para mim.

— Eu era uma criança — comentou, como se o sentido disso fosse óbvio.

— Eu sei. Durante toda sua infância você foi uma criança. Mas era disso que estávamos falando na sessão anterior, de como você foi feliz quando era pequena. Pois bem, aqui não parece.

— Foi só um momento.

Assenti.

— Você me disse que sua mãe interrompeu uma brincadeira com sua melhor amiga para obrigá-la a sair na foto. Ela sempre fazia esse tipo de coisa?

— Que coisa?

— Interromper sua diversão.

Ela pensou por alguns segundos.

— Sim. Ela era brava, geniosa. Às vezes, acho que ela não suportava ficar sozinha e precisava nos manter sempre a seu lado.

— E às suas ordens.

Silêncio.

— As três?

— Não. Lucía se safava, talvez por ser a mais velha. Lourdes e eu não tínhamos tanta sorte.

— Bom, então se vê que você nem sempre foi tão feliz como dizia.

Ela não respondeu.

— E seu pai? É a única pessoa que está na foto de quem você não falou.

Seus olhos se encheram de lágrimas.

— Talvez porque ainda não consegue falar dele no passado, porque não consegue aceitar sua morte, não acha?

— Pode ser. Acho que ainda não estou pronta para isso.

— Se não estivesse, você não teria me trazido esta foto.

Ela me interroga com o olhar.

— Mistérios do Inconsciente, você vai se acostumar — e prossigo. — É possível que sua infância não tenha sido tão feliz como você acreditava? Que agora, olhando a distância, sinta que "deve" ter sido feliz, o que é diferente?

— E por que eu sentiria isso?

— Talvez porque seu pai estava vivo. Porque Lourdes, que já nem atende às suas ligações, naquela época abraçava você. Porque sua mãe não só era uma mãe voluntariosa que interrompia seus momentos de diversão, como também, como você mesma disse, era uma mulher jovem e bonita. Talvez porque você ainda não havia se separado. Porque a vida ainda era uma folha em branco.

Muitas vezes eu brinquei com essa ideia.

Mesmo que estejamos cercados de gente, viver implica aceitar o desafio de estar sozinho. E, mais cedo ou mais tarde, chega um momento na vida em que essa solidão começa a se encher de ausências, ou melhor, de presenças que não deixam de estar presentes, mesmo que algumas pessoas, como o pai de Daniela, tenham morrido. Mas restam suas vozes, que nos visitam em nossa solidão.

Às vezes eu me digo: *tranquilo, Negro* – que é o que meu pai me diria se fosse vivo. Eu escuto suas palavras, elas me percorrem, e em minha solidão resgato o que guardo dele, mas aquilo que já não tenho também se faz presente.

É uma experiência que comecei a viver com a chegada da maturidade. Porque ser criança, como eu disse a Daniela, é como ter um caderno em branco. Não cuidamos tanto dele, somos displicentes, escrevemos com letra grande, de um lado só da folha, deixamos espaços, e, quando não gostamos de alguma coisa, a arrancamos e jogamos fora. Mas, à medida que os anos passam, começamos a escrever com letra cada vez menor, mais apertada, nas margens, querendo estender o caderno – a vida – um pouco mais.

Quando somos crianças, cada instante é uma possibilidade. Podemos tomar muitos caminhos diferentes. Ser músicos, comerciantes, cientistas ou atletas. Mas o tempo faz que essas possibilidades sejam cada vez menores. Então, é provável que enfeitemos a recordação da criança que fomos um dia.

Era o que acontecia com Daniela. Seu casamento fracassado, cheio de traições e dor, o sonho da maternidade que ela não pôde realizar e o distanciamento de sua irmã Lourdes, a quem tanto amava, faziam que seu presente fosse triste e solitário. A morte inesperada de seu pai foi o golpe que a levou a buscar desesperadamente algum momento em que houvesse sido feliz, e a infância lhe deu essa oportunidade, ao preço de modificar lembranças e negar episódios dolorosos. Assim, Daniela construiu em sua mente uma felicidade enganosa. Mas acaso toda felicidade não é, em alguma medida, uma felicidade enganosa, uma felicidade ressignificada?

Talvez a felicidade não seja algo que podemos sentir, e sim algo que deduzimos, algo de que sentimos saudades. Talvez seja necessária uma distância para reconhecer que lá longe, nessas vivências passadas, houve sopros de felicidade que não vimos. Talvez não seja fácil discernir quando estamos sendo felizes. Exceto nos poucos momentos de fulgor, de espasmo, onde abraçamos um instante que sabemos único e inesperado. Um instante que pode estar em um quadro, em um beijo, em uma melodia ou em um gol.

Não recordo minha vida sem música.

Quando eu era pequeno, desde os seis ou sete anos tive que enfrentar uma tarefa que ainda hoje me desagrada: ir comprar coisas que minha mãe mandava. Ela me mandava ao mercadinho não menos de quatro ou cinco vezes por dia. Eram tempos diferentes; as crianças podiam andar sozinhas pela calçada e os vizinhos, que eram quase da família, ficavam de olho em nós sem que percebêssemos. Lembro que eu chegava à loja de ferragens, que ficava na esquina, e pedia ao dono, seu Roque, que me dissesse quando tinha que atravessar a rua. O homem, sempre afetuoso, saía de sua loja, olhava para os dois lados e me dizia quando eu podia atravessar a fronteira da rua Ercilla. O tão temido mercadinho ficava do outro lado desse abismo. Ali começava o tormento.

O mercadinho de Tano era um lugar simpático, mas movimentado, e a proximidade afetiva fazia os vizinhos se demorarem uma eternidade lá dentro. A simples compra de três ou quatro coisas amenizada pelos casos, piadinhas e comentários podia levar uns quarenta minutos, e bastavam três clientes à minha frente para que minha manhã se esvaísse no cumprimento daquela tarefa. Até que, certa tarde, enquanto estava indo ao mercadinho pela terceira vez no dia, aconteceu o milagre. Da janela de uma casa que ficava a poucos metros da esquina surgiu uma melodia. Parei. Eu não tinha idade nem conhecimento para reconhecer o que estava ouvindo, mas soube imediatamente que estava diante de algo sublime. A partir daquele dia, ir até a esquina se tornou a razão mais importante de minha vida. Eu andava os poucos metros que a separavam de minha casa e me sentava na calçada bem embaixo daquela janela. Ninguém entendia por que eu escolhia aquele lugar para fazer a tarefa ou simplesmente deixar o tempo passar. As pessoas não sabiam que, na verdade, eu ia até ali esperar que o milagre se repetisse. E um dia, o milagre aconteceu de novo.

Não sei quanto tempo se passou. Dias, semanas ou meses. O tempo é estranho, especialmente quando somos pequenos. A verdade é que a melodia sagrada apareceu de novo e, sem saber por que, comecei a chorar. Fiquei estático até que a canção terminou. Eu tinha que voltar para casa, mas um pensamento me deteve: não podia depender da sorte. De novo não. Tinha que saber qual era a música que tanto me comovia. Como minha altura ainda não me permitia alcançar a campainha, bati à porta com decisão. Poucos segundos depois, apareceu "El Colo". Era alguns anos mais velho que eu, não sei quantos. Com vergonha, eu lhe pedi que me dissesse o que estava escutando. Minha pergunta deve tê-lo surpreendido, porque ele respondeu com muita ternura. Agradeci e saí correndo. Não consegui decorar o nome que ele havia dito. Poucos dias depois, ao chegar da escola, minha mãe apontou para um vinil que estava em cima da mesa. Perguntei o que era.

— Não sei — respondeu ela —, "El Colo" deixou para você hoje de manhã. O que você está aprontando? — perguntou, olhando-me nos olhos.

Dei de ombros, sem saber o que responder.

— Vamos ver o que é!

Ela foi até o toca-discos, colocou o disco de vinil e a magia saiu pelos alto-falantes. Lá estava minha melodia. A celestial, a sublime. E estava em minha casa.

Então, eu soube que era o *Adagio*, de Tomaso Albinoni.

Eu fiquei sentado em silêncio ao lado do aparelho.

— Não era brincadeira — disse ela. — Você realmente gosta de música.

Semanas depois, meu pai voltou do trabalho com o violão usado embrulhado em papel pardo. Peguei-o nas mãos, incrédulo, e li a marca no fundo: "Tranquera". Três dias depois, com aquele instrumento que era maior que eu, comecei a estudar música.

Nunca agradeci àquele menino que mudou minha vida. Não recordo seu nome. Tomara que ele encontre estas páginas e saiba que seu gesto deu à minha infância uma centelha de felicidade. E mudou minha vida.

* * *

Em geral, não temos a consciência de estar sendo felizes. O presente é tão dinâmico, tão instantâneo, que é difícil compreender o que estamos sentindo. Talvez por isso seja mais frequente buscar a felicidade no passado ou projetá-la no futuro.

Há algo nesse olhar que me preocupa. De algum modo, é como reconhecer que a felicidade não existe. Se não for aqui e agora, que importância tem? De que adianta perceber aos sessenta anos que aos dez fomos felizes? De alguma coisa, talvez. Talvez dê um sentido à nossa história. Ninguém deseja que sua vida tenha sido em vão. Por isso, encontrar um sentido na infância, na juventude ou no passado mesmo pode ser importante. Queremos dar dramaticidade à nossa vida, para um extremo ou para o outro: felicidade ou tragédia. E, sem perceber, modificamos as lembranças para sentir, e para contar, que fomos muito felizes ou infelizes ao extremo. Assim, com a ilusão de não ter vivido em vão, algumas pessoas acrescentam à sua infância uma felicidade que não esteve lá, ou um excesso de dramaticidade que também não existiu.

Falávamos da hipótese de que é possível que a felicidade não exista. E era exatamente isso que afirmava Arthur Schopenhauer, um pensador admirado e ao mesmo tempo temido; o filósofo alemão cujo pai se suicidou pulando do telhado de casa e que foi expulso de seu lar pela mãe quando era ainda um adolescente.

Com um pessimismo aterrador, ele escreveu:

Nós nos assemelhamos a cordeiros que brincam no prado enquanto o carniceiro seleciona alguns deles com o olhar: pois em nossos dias bons, não sabemos que mal o destino nos reserva neste instante – doenças, perseguição, pobreza, mutilação, cegueira, loucura, morte etc. [...]

A história nos mostra a vida dos povos e não encontra mais que guerras e rebeliões para contar: os anos de paz aparecem de vez em quando só como breves pausas, entreatos. E a vida do indivíduo também é uma constante luta – não simplesmente em um sentido metafórico – contra a necessidade e o tédio; também em sentido real, contra os outros. Por todo lado encontra um adversário, vive em constante luta e morre com as armas na mão. Contribui – e não pouco – com o tormento de nossa existência o fato de que o tempo nos apressa, não nos deixa respirar e está atrás de cada um como um mestre de disciplina, com o chicote na mão. Só perdoa aqueles que se entregaram ao tédio.

Schopenhauer pensava que a vida de toda pessoa é apenas um pêndulo que oscila da dor ao tédio. Dor quando não se tem o que se deseja; tédio quando se consegue o ansiado.

Ao dizer que a única coisa que se percebe é a dor, que a felicidade é, muitas vezes, indetectável, a visão de Schopenhauer é um correlato da primeira ideia que propusemos sobre a "felicidade invisível", sobre a dificuldade de compreender quando estamos sendo felizes.

Nossa sensibilidade para a dor é quase infinita; a que se refere ao prazer tem limites estreitos [...] Porém, tudo o que se opõe à nossa vontade, que a contraria e resiste a ela, ou seja, tudo o que é desagradável e doloroso, nós sentimos de forma imediata, logo e com grande clareza. Assim como não sentimos a saúde de todo nosso corpo, mas apenas o ponto onde o sapato nos aperta, também não pensamos em todos os nossos assuntos que caminham perfeitamente bem, e sim em alguma pequeneza insignificante que nos desagrada.

Compartilho dessa ideia. A felicidade é difícil de detectar porque se esconde em detalhes que às vezes não podemos perceber. Talvez

Daniela não estivesse tão enganada; talvez a lembrança seja um fato artístico que nos permite melhorar a realidade. Ou destruí-la.

* * *

Fala-se da existência de um quadro do pintor veronense Girolamo dai Libri que estava destinado a um altar. Tratava-se de uma paisagem na qual se via uma árvore pintada de maneira tão verossímil que as andorinhas que faziam ninho na igreja tentavam pousar em seus galhos e se chocavam contra a pintura repetidamente.

Mas existe uma história ainda mais interessante.

No início do século V a.C., vivia em Atenas o famoso pintor Zêuxis, que um dia decidiu pintar uns cachos de uvas. Orgulhoso de sua obra, convidou seu colega Parrásio a ir ver o quadro. Este, invejoso de antemão, foi ao estúdio de Zêuxis e, embora de uma maneira meio displicente, teve que admitir a incrível qualidade das uvas pintadas. Ao escutar suas palavras, Zêuxis se levantou para abrir a porta e, nesse momento, entraram uns pardais da rua, e a pequenos saltos chegaram ao fundo do ateliê, onde descobriram o quadro das uvas. Nesse mesmo instante, deixaram de pular e levantaram voo para pousar nas supostas frutas e começaram a bicá-las.

Zêuxis ficou radiante de alegria ao ver o espanto de Parrásio, que só a partir desse fato começou a valorizar a obra.

Quando já havia se recuperado do espanto, Parrásio pensou que, afinal de contas, enganar pássaros não era grande coisa e que em nenhum momento as uvas pintadas o haviam induzido a se servir.

Passado um tempo, Parrásio pediu a Zêuxis que o visitasse. O convidado foi preparado para encontrar uma boa surpresa e decidido a não se deixar enganar.

Parrásio o tratou com muita gentileza. Estava de muito bom humor e fingia pretender apenas ter uma conversa amena com seu colega. Mas Zêuxis mal escutava o que seu anfitrião dizia e quase não respondia, até que, em dado momento, não pôde mais dominar sua impaciência e perguntou, sem inibição alguma, se o dono da casa não teria alguma obra nova para lhe mostrar. Parrásio disse que sim. O novo quadro, admitiu, estava pendurado ali, no fundo da câmara, coberto por uma cortina, e convidou Zêuxis a se aproximar para descobri-lo.

Zêuxis foi até a parede do fundo e estendeu o braço para abrir a cortina, mas não pôde. Imediatamente, tornou a tentar pegá-la, mas foi em vão. A cortina não existia, era pintada. Abatido, ele reconheceu sua derrota. Parrásio havia enganado um artista, e não só meia dúzia de pardais.

Algo parecido tentam fazer as pessoas que pincelam sua infância buscando construir um ontem de perfeição e felicidade. Algumas conseguem e, assim, bicam uvas inexistentes e abrem cortinas mentirosas, sendo, ao mesmo tempo, o pintor e o enganado. Todo ser humano quer acreditar que em algum momento sua vida teve sentido. Então, lança-se a essa busca, e a infância apresenta territórios de ingenuidade que favorecem a possibilidade desses encontros.

O desconhecimento da morte, por exemplo. Se bem que essa ignorância dura pouco. Já aos três ou quatro anos as crianças começam a se inquietar com o assunto e a intuir que a vida esconde algo fatal. Elas o percebem e, ao mesmo tempo, o negam. Trata-se de um mecanismo psíquico da psicanálise chamado "renegação", que consiste em afirmar e negar um juízo ao mesmo tempo. Vemos isso nas pessoas que vão a videntes para ler a sorte, mesmo afirmando que não acreditam nessas coisas. Podemos encontrar a melhor demonstração desse mecanismo em um dito popular: "Eu não acredito em bruxas, mas que existem, existem".

As circunstâncias da vida, porém, indicam que, por mais que tentemos negar, a morte existe. A perda de um animal de estimação basta para que sintamos o impacto, e surge a pergunta: "Mamãe, você também vai morrer?". Uma pergunta que esconde outra ainda mais poderosa: "Eu também vou morrer?". Nessa vozinha assustada distingue-se a angústia, e a felicidade começa a rachar. A segurança que os pais ofereciam cambaleia e nada mais é como antes.

Eu já disse algumas vezes que não dá para ser feliz sem pagar o preço, que é ter certa ignorância. A isso eu me referia.

A infância é um lugar onde as ilusões são possíveis, onde existe o Papai Noel que viaja de trenó só para nos trazer um presente, desde que tenhamos nos comportado direitinho. Um tempo em que há espaço para acreditar que alguém julga nossos atos e que ser bom implica uma recompensa. Crenças que fazem da infância um âmbito capaz de alojar uma felicidade luminosa que vai se perdendo à medida que essas ilusões se desfazem. O mundo deixa de ser um lugar mágico, Papai Noel não mais existe, o universo não é perfeito e a vida não é justa.

Mas a infância não é um lugar – um tempo – tão perfeito nem tão feliz quanto parece; não deixa de estar perpassada por dificuldades, medos, raiva e ciúmes.

* * *

Já faz um tempo que eu e a infância voltamos a nos conectar. Devo isso a Zoe, minha neta. Todas as quintas-feiras temos nosso encontro pessoal. Vou buscá-la cedo e vamos tomar café da manhã. Ela toma um suco de laranja e come um sanduíche de queijo. Sempre a mesma coisa. As crianças encontram um lugar de prazer nas repetições. Por isso, toda semana tentamos nos sentar à mesma mesa. Ela sabe qual é seu lugar e qual é o meu. Depois, ela me pede para vermos um filme. Filme que ela já viu muitas vezes, evidentemente. E conversamos. Em sua língua, ela me conta a trama, quem é o bonzinho e quem é o malvado, o que vai acontecer, e, assim, compartilhamos horas enquanto eu me emociono e, secretamente, tento fazer que me ame para habitar sua memória.

Depois do café da manhã, eu a levo à escola no colo e canto durante o caminho. Ela costuma adormecer enquanto entoa algumas notas longas no final de cada verso. Ao chegar, deixo-a com suas professoras. Agora é uma despedida tranquila, mas no começo, quando ainda estava em processo de adaptação, cada vez que eu ia deixá-la ela implorava: "Não, abu, não!", e esticava os bracinhos pedindo que eu a pegasse no colo de novo. Zoe tinha medo. Ficava desolada. É compreensível; afinal de contas, ficava sozinha em um mundo cheio de desconhecidos. Sabendo que essas despedidas devem ser breves, eu ia embora imediatamente, com a lembrança de sua carinha angustiada. Se pudéssemos capturar esse momento, a fotografia mostraria um dos muitos instantes de terror que percorrem a infância.

O filhote humano descobre bem cedo que habita um lugar ameaçador e que é incapaz de viver sozinho. Mesmo querendo guardar a percepção de suas risadas e brincadeiras, temos que reconhecer que a angústia, o medo e a tensão fazem parte de suas emoções comuns. Por isso, a premissa de que a felicidade está na infância é, no mínimo, duvidosa. O passado, porém, é um tempo ao qual todo ser humano volta de vez em quando.

* * *

No início de minha carreira, eu trabalhava em um asilo, e muitas vezes, ao perguntar aos idosos que viviam ali como eles estavam, obtinha a mesma resposta: vivendo das lembranças. E era assim mesmo. Eu notava isso em cada conversa. Voltavam às recordações constantemente, como se fosse o único recurso para recuperar um pouco de felicidade. Mas por quê? O que buscamos com esse retorno? Aonde queremos voltar, à realidade?

A resposta é dura: todo ser humano busca voltar a um lugar sinistro.

Na psicanálise, falamos dos dois mecanismos que regem o funcionamento psíquico: “princípio do prazer” e “princípio da realidade”. Mas, ao fazê-lo, acabamos excluindo um terceiro mecanismo, que Freud denominou “princípio do Nirvana”.

Vamos ver em que consiste cada um deles.

Diante do mundo, a psique reage aos estímulos que recebe. Estímulos que geram graus diversos de tensão. O “princípio do prazer” tenta manter essa tensão em um nível que seja suportável. Quando a tensão sobe demais, ele a reduz, e, quando cai em excesso, procura aumentá-la, porque um nível baixo demais produz um estado de desânimo, falta de desejo e depressão. Por outro lado, se a tensão passa dos limites, surge uma sensação desagradável, que costumamos denominar ansiedade. Quando isso ocorre, o aparato psíquico busca alguma forma de descarregar essa tensão excedente, e surgem então, por exemplo, a raiva, os gritos, o pranto ou as brigas.

"O princípio da realidade" impõe um limite à tendência de descarga automática que guia o "princípio do prazer".

Suponhamos que uma pessoa esteja incomodada com o chefe. Está com raiva e sente vontade de insultá-lo ou jogar longe tudo o que está em cima da mesa, mas a realidade lhe mostra que ela precisa do emprego e que, se fizer isso, certamente será despedida. Então, ela tem que resistir à tentação da descarga automática e encontrar outra maneira de resolver o conflito psíquico. Ou seja, "o princípio da realidade" aporta a possibilidade de mediar, de pôr algo entre o estímulo e a resposta. O empregado furioso pode, talvez, ir até a cozinha, fazer um café, comentar com um colega o que aconteceu, e, assim, ir diminuindo sua ansiedade. Talvez possa até solicitar uma reunião com seu chefe para esclarecer a situação e expor seus argumentos.

Se não fosse pelo "princípio da realidade", a vida seria cheia de agressão, rupturas e estados depressivos. Cada vez que alguém se contém para não discutir com o companheiro, brigar com o filho ou o amigo, encontra-se sob o domínio do "princípio da realidade".

Mas existe também o "princípio do Nirvana", que consiste na tendência a reduzir a tensão a zero e, assim, esvaziar de ansiedade o aparato psíquico. Isso implicaria voltar a um estado inerte anterior à vida, voltar ao nada, ou seja, à morte. É o que encontra o suicida que renuncia à vida e se entrega plenamente à satisfação de sua pulsão de morte. Esse é o retorno tão temido. Uma pulsão que percorre todo ser humano.

Por que se chama "princípio do Nirvana"?

Os orientais ansiavam chegar ao Nirvana, esse estado em que a pessoa se livrou de todos os seus desejos, é una com o universo e nada a perturba. Não há mais bem nem mal e não importa se alguém nasce, vive ou morre. Enfim, o Nirvana é um estado no qual qualquer coisa que ocorra é considerada parte de uma ordem universal perfeita. Porém, isso que no Oriente seria o fim último da evolução espiritual, para nós pode ser o verdadeiro inferno. Porque para nós importa se alguém que amamos vive ou morre, se nos ama ou não. É verdade que o desejo gera certo grau de tensão, dor e esforço, mas esse é o custo que a pulsão de vida impõe para enfrentar a pulsão de morte, essa busca diligente e destrutiva que percorre todas as pessoas desde o instante em que chegam ao mundo.

Além ou aquém do princípio do Nirvana, não existe também a tentação de voltar, pelo menos nas asas da recordação, aos territórios da infância, especialmente quando se foi feliz?

Penso naquelas mulheres que viviam no asilo em que eu trabalhei quando era jovem. Lá aprendi muito sobre a solidão e o desafio de transitar a vida quando resta pouco futuro. Assim, com quase nada a esperar, só lhes restava o desejo de ter tido uma vida boa.

Em geral, concebemos a esperança como um anseio com vistas ao futuro. Naquele lar, eu descobri que nem sempre é assim. Que também existe uma esperança que olha para o passado. Aquelas mulheres olhavam para a própria história com a esperança de ter sido felizes. Apegavam-se às suas lembranças e voltavam a elas repetidamente. O que buscavam nesse retorno ilusório?

Não posso evitar que surjam em meu pensamento os versos de Fernando Pessoa: *No tempo em que festejavam o dia dos meus anos, eu era feliz e ninguém estava morto.* Essa frase situa a felicidade nesse território onde ninguém morreu ainda. Território ao qual gostaríamos de voltar, nem que fosse por um instante.

Claro que não é preciso ser idoso para olhar para trás. Todo mundo tem saudade daqueles tempos em que aconteciam coisas mágicas e costuma visitar lembranças que trata de embelezar. A convocação nostálgica a uma reunião da turma da faculdade não é mais que um grupo de desconhecidos que se reencontram para recordar como foram felizes quando tinham dezessete anos. Mas eram mesmo tão felizes?

De qualquer maneira, sempre buscamos no passado, quase com desespero, um sinal de não ter vivido em vão. O fato de termos colocado os pés nesta vida significou algo ou iremos embora dela sem pena nem glória?

Lembro um programa de TV de fim de temporada, na época do Natal. Era conduzido por Alejandro Dolina. Eu assistia a ele impressionado.

Dolina, Horacio Ferrer e Antonio Carrizo dividem uma mesa.*

Falam do futuro, do costume de desejarmos felicidades para o próximo ano. Em determinado momento, dá-se o seguinte diálogo:

Dolina (para Ferrer): *Você que é um homem da palavra e da retórica, que entende de metáforas, metonímias, hipálages e "oximorões"* (risadas) *sabe que existe um tipo de despedida, um tipo rico em hipérboles, propício ao brinde...*

Ferrer: *De fato. Você falou das últimas coisas, das últimas instâncias. Mas tudo isso é inerente ao ser humano. Só o ser humano tem noção do tempo, tem passado, tem presente e — possivelmente — futuro. Para a rosa, para o leão e para a safira não existem últimas vezes. De modo que o futuro é eminentemente humano. O futuro é tão antigo quanto o homem. Este fim de ano é aquilo que quisemos, aquilo que esperamos e que nos encheu de expectativas há trezentos e tantos dias. Agora, tornamos a nos encher de expectativas, de esperas, de sonhos. É preciso ter cuidado, porque o futuro costuma ser um velho mentiroso.*

Dolina: *É. Eu já aprendi a desconfiar do porvir, garanto. E você* (para Carrizo), *por que não brinda? Você é um profissional.*

Carrizo: *Eu acho que vocês inspiram a necessidade de um brinde de feliz 1990.*

Dolina: *Como assim 1990?*

(O ano de 1990 era justamente o que estava terminando.)

Carrizo: *Claro, um 1990 que encha nosso espírito e nosso coração de boas memórias e boas lembranças. Brindo pelo que vivemos e pelo que vale a pena recordar.*

Dolina: *Tudo bem, um feliz passado para você, então.*

* Dolina, Ferrer e Carrizo são três grandes nomes da cultura argentina. Alejandro Dolina é escritor, músico e radialista. Horacio Ferrer foi poeta e letrista de tangos, parceiro de Astor Piazzolla. Antonio Carrizo destacou-se como locutor e apresentador, com importante atuação na difusão da literatura e da música no rádio e na TV. (N.E.)

Não é uma má ideia desejarmos um "feliz passado". Afinal de contas, nele está aquilo que nos constitui. Talvez por isso, quando a pessoa é muito velha, como as mulheres do asilo em que eu trabalhava, quando o planejamento já parece não ter nenhum sentido, o que resta é desejar ter tido uma vida boa. Como recomendava Antonio Carrizo, um "feliz ano passado". Um lugar cheio de lindas lembranças.

Joan Manuel Serrat compôs uma canção chamada "Mi niñez".

Tenía diez años y un gato
peludo, funámbulo y necio
que me esperaba en los alambres del patio
a la vuelta del colegio.

Tenía un balcón con albahaca
y un ejército de botones
y un tren con vagones de lata
roto entre dos estaciones.[2]

É uma descrição comovente, mesmo o protagonista tendo coisas tão simples e imperfeitas. Não tinha soldadinhos de chumbo, e sim botões, e o trem com que brincava estava quebrado. Então, o que fazia daquele passado um cantinho feliz? Vamos seguir adiante.

Tenía un cielo azul y un jardim de adoquines
Y una historia a quemar temblándome en la piel.[3]

2 "Eu tinha dez anos e um gato/ peludo, equilibrista e tolo/ que me esperava nos varais do quintal/ no caminho de volta da escola.// Eu tinha uma varanda com manjericão/ e um exército de botões/ e um trem com vagões de lata/ quebrado entre duas estações."
3 "Tinha um céu azul e um jardim de paralelepípedos/ E uma história ardendo e tremendo em minha pele."

O céu azul e o jardim de paralelepípedos são parte de uma geografia habitual, mas a frase seguinte marca uma virada. O autor confessa que, naquela época, tinha uma história ardendo e tremendo em sua pele, e esse sim é um ponto transcendente. O caderno em branco. Tanto por viver, por amar ou, por que não, por sofrer. Afinal de contas, quem não sofre não ama, e quem não ama não vive.

Enquanto escrevo isto, recordo que ontem mesmo almocei com o dr. Nasio.

Há muito tempo nos une uma amizade que me comove. Durante anos eu me formei lendo seus livros. A vida quis que nos relacionássemos, e cada vez que ele vem à Argentina compartilhamos um encontro.

Durante o almoço, Juan-David me contou que, há um tempo, visitou um cemitério na Bretanha. Para algumas pessoas, e eu me incluo entre elas, os cemitérios distam muito de ser desagradáveis. Costumo percorrer um de vez em quando. Não busco respostas, apenas contemplo o inevitável. Mas o relato de Nasio me impressionou.

Segundo me contou, estava andando tranquilo quando, de repente, encontrou um túmulo branco, bem pequeno, cuja inscrição em letras douradas dizia:

> *Sou uma criança. Morri aos dezoito meses. Jamais conhecerei a vida. Não saberei o que é o amor nem a dor.*

A comoção foi tão grande que não me lembro de mais nada. Ficamos ambos emocionados. Não se tratava da vida antecipando a morte, pelo contrário: era a morte falando com a vida. A morte com saudades das dores que nunca poderá sofrer. As histórias ardendo que nunca tremerão em sua pele. A morte injusta desejando a vida injusta.

Voltando, no final de uma das estrofes, Serrat diz: *creo que entonces era feliz;* acho que então eu era feliz.

Joan Manuel Serrat, o artista, o adulto, olha para seu passado com a intuição de ter sido feliz. Não a certeza, mas ao menos a suspeita de que houve um tempo em que até as coisas mais simples, um gato e um chão de paralelepípedos, um trem quebrado e uma história ardendo davam sentido à sua vida.

No final, outro verso introduz uma pergunta perturbadora: *¿Y dónde dónde fue mi niñez?* E pra onde, pra onde foi minha infância?

Algo parecido pergunta Cátulo Castillo no tango *Tinta roja*:

> *¿Dónde estará mi arrabal?*
> *¿Quién se robó mi niñez?*[4]

Perguntas desoladoras que, contudo, têm resposta.

O subúrbio está na memória e o tempo sempre rouba a infância. O arcano mais cruel, aquele que não perdoa.

Volto aos versos de Serrat e percebo a repetição permanente de uma palavra: "tinha". E compreendo a razão de tanto amor por sua infância; afinal, é o mesmo autor que disse que não há nada mais amado que aquilo que se perdeu.

Ao citar Alejandro Dolina, algo que sempre ocorre em meus livros, recordei que, em um de seus contos, "Refutación del regreso", ele faz essa tentativa de sustentar com vida aquilo que já não está. Mas não aponta só à recordação; com seu estilo poético e seu jeito ardente de perceber o mundo, "os homens sensíveis de Flores", os protagonistas de muitas aventuras dolinescas, não se conformavam com regressos memoriosos; ansiavam por um retorno pleno e total. Cito:

> *Não há sonho maior na vida que o Sonho do Regresso. O melhor caminho é o caminho de volta, que é também o caminho impossível. Os Homens Sensíveis de Flores, em seus trajetos noturnos pelas ruas do bairro, planejavam voltar.*
>
> *Voltar a qualquer lugar.*
>
> *À adolescência, para reencontrar os velhos amores.*
>
> *À infância, para recuperar as bolinhas perdidas.*

4 "Onde estará meu subúrbio?/ Quem roubou minha infância?"

À primeira namorada, para lhe jurar que não foi esquecida.

À escola, para sentir esse cheiro de suor e giz que não se encontra em nenhum outro lugar.

Voltar foi, para eles, a aventura proibida. Todas as noites, sonhavam com quintais queridos e carinhos ausentes. E a cada manhã acordavam chorando, desenganados, e reviravam a cama para ver se algum pedaço de sonho havia ficado enroscado entre as cobertas.

Nesse conto que denuncia a impossibilidade do regresso, conta-se que o russo Salzman, lendário jogador de dados, gastou a fortuna que havia ganhado no cassino de Mar del Plata para comprar a casa de sua infância.

Uma vez instalado, compreendeu que o investimento fora inútil.

— Recuperei minha casa — disse ele —, mas não minha infância.

Ele tinha razão.

Não há ontens aos quais voltar. Não há outros paraísos a não ser os paraísos perdidos, escreveu Borges. O passado é irrecuperável, mas não irrepetível.

* * *

Antes, falávamos do Nirvana, esse estado no qual já não há nenhum desejo, e dissemos que era a morte, porque o ser humano sempre requer um desejo que o mobilize e dê sentido à sua vida. Mas como surge esse desejo?

No começo de sua obra, Sigmund Freud propõe um conceito que define uma experiência que pode nos ajudar a responder a essa pergunta.

2
VIVÊNCIA PRIMÁRIA DE SATISFAÇÃO

Segundo algumas fontes, o adjetivo "feliz" tem origem no latim *felix*, associado a fértil, que em sua base indo-europeia é associado a sugar, mamar. É possível que no início, então, tanto o adjetivo feliz como o substantivo felicidade estivessem associados à procriação, ao nascimento e ao ato de amamentar.

Vamos usar a "harmonia" sugerida por essa etimologia para explicar em que consiste a vivência primária de satisfação.

Trata-se de um conceito que alude a uma experiência mítica, ou seja, não comprovável, e sim suposta.

Vamos percorrer a ideia.

Durante o tempo de sua gestação, o filhote humano vai se desenvolvendo em um mundo intrauterino no qual todas as suas exigências (alimentar-se ou respirar, por exemplo) são atendidas graças ao vínculo de dependência biológica que tem com sua mãe. Quando chega a hora de nascer, ele é arrancado desse estado no qual a satisfação de suas necessidades era imediata.

Hermann Hesse escreveu que *quem quiser nascer, tem que destruir um mundo*, e é isso que acontece com o bebê.

Exilado do mundo perfeito no qual cresceu, ele entra em um universo novo onde tudo é diferente, onde as velhas regras não funcionam, onde até o simples ato de respirar deve ser aprendido.

Sem poder contar com a simbiose que tinha com sua mãe, em algum momento o bebê começará a sentir um desconforto desconhecido que lhe provocará uma crescente ansiedade. Uma ansiedade insuportável que requer alguma forma de descarga, e o bebê faz isso com a única ferramenta que possui: o choro.

Aqui começa o mito: a construção que Freud realiza para explicar o que acontece nesse momento crucial da vida de todo ser humano.

E visto que se trata de um mito, vamos contá-lo assim:

Era uma vez um bebê que chegou a um mundo estranho onde nada era como ele conhecia. De repente, começou a se sentir mal. Alguma coisa estava acontecendo, mas ele não sabia o que. O que eram aquelas sensações novas tão desagradáveis? Como podia se livrar delas? Ele não tinha a resposta, mas precisava encontrá-la. Sem aguentar mais, ele se surpreendeu ao escutar um som agudo e forte. Talvez nem sequer tenha percebido que ele mesmo o havia gerado. Não sabia por que havia feito aquilo; não fora em busca de nenhuma resposta. Tratava-se apenas de um ato reflexo, uma tentativa de eliminar essa tensão que ele sentia com tanto desprazer. Porém, aquele primeiro som que ele lançou à vida, aquele grito primal, foi escutado por alguém, possivelmente sua mãe, que interpretou naquele choro um chamado. Mas ela estava enganada; era apenas uma descarga de ansiedade, porque aquele bebê ainda não sabia que tinha que pedir ajuda para viver. De qualquer maneira, ela o atendeu e deu àquele grito o sentido de um chamado, uma demanda de amor. Foi até o bebê, olhou para ele e codificou aquele choro: "Está com fome". Pegou-o no colo com ternura, levou-o até seu peito e o amamentou. E ali se produziu um encontro inesperado. Porque aquele bebê que não sabia o que estava acontecendo com ele nem como aplacar seu desprazer encontrou uma resposta: "Isso que está acontecendo comigo se acalma com algo que vem de fora. E para que esse 'algo' venha, preciso chamá-lo".

Naquele instante único, com o simples ato de amamentá-lo pela primeira vez, a mãe o introduziu no universo humano e lhe transmitiu suas regras. A partir de então, o bebê soube que habitava um lugar onde sua vida dependia dos outros, onde alguém tinha que lhe dar o que necessitava para viver e que, para que esse "Outro" fosse assisti-lo, ele precisava ser parte do mundo da linguagem.

Freud denomina esse instante "vivência primária de satisfação".

Por que esse nome?

Primária porque é mítica. Em psicanálise, tudo que é primário é mítico. Assim, conceitos como narcisismo primário ou repressão primária são construções lógicas que sustentam a teoria. Como dissemos, são fatos deduzíveis e não demonstráveis. E "vivência de satisfação" porque se trata do momento único na vida em que um ser humano encontra um objeto que se adéqua à sua necessidade. Porque essa vivência deixou uma lembrança (marca mnêmica), e, a próxima vez que o bebê tiver fome, procurará essa lembrança. Então, em vez de encontrar uma satisfação real, encontrará uma satisfação alucinatória. Imaginará o seio e seus lábios se moverão no vazio. Por isso a sucção, os lábios que beijam a si mesmos. Porque o bebê está recordando, alucinando com aquele encontro primário. Ou seja, mira naquilo que o acalmou, mas, em vez do "objeto real", encontra a lembrança.

Quando chora de novo, o bebê tem certeza de que sua mãe aparecerá outra vez, mas ele não é mais ingênuo. Não há mais surpresa, ele já está esperando. E, quando isso ocorre, o prazer esperado é sempre maior que o prazer alcançado. Essa diferença – às vezes bem limitada, às vezes nem tanto – entre o que se espera e o que se encontra gera um espaço vazio que dá origem ao desejo.

O desejo parte desse vazio e nos leva a buscar algo que nunca alcançaremos. A partir dessa vivência, todo desejo que tivermos na vida tentará reencontrar esse momento mítico em que a necessidade encontrou o objeto que a aplacava. Essa é a busca de todo ser humano até o fim dos seus dias. Não importa o aspecto que assuma. Por isso, mesmo que alcancemos aquilo que acreditamos desejar – apaixonar-se, formar-se, ter um bom emprego ou uma linda família –, jamais nos sentiremos completos e teremos a sensação de que falta algo, porque nunca poderemos reencontrar aquela vivência primária de satisfação. Por quê? Porque esse objeto não existe mais. Porque agora habitamos o mundo da linguagem e a necessidade se perdeu para sempre.

O que Lacan diz a esse respeito?

Recordemos que Freud e Lacan tiveram interesses diferentes.

Freud queria que a psicanálise fosse compreendida e aceita pela comunidade científica da época. Movido por esse desejo e apoiado em seu talento literário – ganhou o prêmio Goethe por sua obra –, transmitiu sua teoria com uma enorme clareza. Lacan, por outro lado, encontrou uma psicanálise desonrada. Os pós-freudianos haviam transformado a clínica do Inconsciente e as pulsões em uma terapia de fortalecimento da personalidade. A potência dos conceitos tendia a se diluir, e Lacan entrou em campo avançando por uma direção inversa à de Freud. Deu a seus desenvolvimentos uma linguagem científica com postulados da linguística, da antropologia e da matemática. Surgiram seus esquemas, gráficos e nodos topológicos. Ao contrário de Freud, buscou que muitos poucos o entendessem, só aqueles que estavam dispostos a retornar ao universo complexo da teoria do Inconsciente e da pulsão de morte. Por isso, é um autor difícil de compreender. Um autor que se deu ao trabalho de reformular, em uma linguagem diferente, cada conceito fundamental da psicanálise.

Quanto à vivência de satisfação, Lacan supõe a existência de um ser mítico que denomina com uma letra grega: Δ (Delta).

Vejamos o esforço que ele fez para conceitualizar a teoria analítica de modo puramente lógico. Um esforço que o leva a propor que uma mulher não vai parir um bebê, e sim um Δ.

Ao nascer, quando sente fome, esse Delta que parte para a satisfação de sua necessidade encontra a barreira da linguagem e deve ser capaz de passar uma mensagem que tecnicamente denominamos “demanda”. É o momento no qual situamos o choro. Essa demanda é dirigida a outro, alguém tão importante que Lacan o escreve com letra maiúscula: Outro. Mas esse Outro interpretará o que quiser ou puder da demanda do Δ. Então, essa linha reta que ia do Delta ao objeto da necessidade se desvia ao encontrar a interpretação do Outro, que lhe devolve uma mensagem diferente. Por exemplo: “O que você tem é fome”. Talvez o bebê estivesse com sono ou com dor, mas o Outro sancionou que o Delta sentia outra coisa e agiu considerando sua própria interpretação.

Assim, percorrido pela linguagem e sujeito à interpretação dos Outros, o Δ vai se construindo em um sujeito humano: "agora você está com fome", "agora você está com sono", "agora você não tem nada, está chorando de manha".

Assim, o Outro devolve, interpreta, codifica, e o Δ acaba sendo aquilo que o Outro diz que é. Porque, diferentemente do bebê, o Δ não tem identidade, nasce sem um ser e terá que preencher essa falta em ser identificando-se com lugares que o Outro lhe propõe. Por isso dizemos que o "Eu" vai se construindo a partir de identificações com as palavras dos Outros fundamentais. Os pais dizem: "é agitada", "é geniosa", "é tímida", e a criança se coloca nesse lugar. É um lugar falso, mas é melhor que não ter lugar nenhum onde ser.

Ao nascer, o Δ chora porque chora e aparece alguém que diz: "que gênio forte!". Nasceu há três dias e não tem nenhum gênio ainda, simplesmente chorou. Mas as palavras vão deixando marcas. Aos seis meses, diante de alguma reação, a mãe repete: "que gênio forte!"; aos quatro anos, entra no jardim de infância e dizem à professora: "tenha paciência porque ele tem um gênio forte", e aos quarenta é uma pessoa insuportável e a mãe dirá: "desde que nasceu ele tem um gênio muito forte".

E não é verdade, em absoluto.

Foram os Outros que lhe ofereceram esse lugar. E o Δ, para preencher essa falta em ser, aceitou essas palavras, identificou-se com elas e encontrou um lugar. Nesse caso, um lugar desagradável. Mas, repito, melhor que não ter nenhum.

A felicidade não escapa a essa lógica. "Você nunca vai ser feliz" ou "ninguém nunca vai amá-lo" são frases que convidam a ocupar lugares de sofrimento. Mas muitos se confundem ao buscar solução para as dores geradas por esses preceitos. Não é tão simples quanto oferecer frases animadoras como "você é uma pessoa encantadora", "tem que se amar um pouco mais" ou "é impossível não amar você". Porque alguém identificado com esse discurso, quando enfrentar seu primeiro desengano, quando lhe disserem que não o amam, dará de cara com a distância que há entre quem ele julgava ser e o que essa rejeição lhe diz que é. E, se não tiver se preparado para lidar com essa diferença que frustra, sofrerá muito.

Vamos dar mais um passo.

A necessidade do Δ se perde ao encontrar a linguagem e se transforma em uma demanda, um pedido que se dirige a um Outro, que, à sua maneira, decodificará e devolverá algo que não era o que ele esperava. Porque a demanda não pode transmitir tudo. E aquilo que a demanda não conseguiu comunicar deixa uma falta que dá origem ao desejo. Um desejo que será impossível de satisfazer, porque, para alcançá-lo, tornaremos a demandar e outra vez haverá uma perda. E assim será, repetidamente.

Nós, seres humanos, somos sujeitos que enfrentam o desafio de alcançar a felicidade apesar da falta estrutural que nos percorre.

A vivência primária de satisfação não nos propõe um ponto ao qual podemos voltar. Na verdade, gera o impulso de recuperar um momento perdido; a tendência a uma busca, a um reencontro. Um reencontro impossível, porque o objeto se perdeu para sempre. O encontro com aquele objeto que nos acalmou pela primeira vez quando não esperávamos nada é só uma quimera, porque esse objeto não existe mais.

Aqui está sua importância.

Em primeiro lugar, porque, graças ao fato de o objeto da vivência primária ter se perdido, continuaremos buscando-o sempre. Em um amor, em um projeto, em um filho e em cada anseio que move nossa vida. Assim, esse objeto perdido dará sentido à nossa vida, porque é a origem do desejo.

Em segundo lugar, porque essa falta instala uma pergunta: haverá algum espaço para a felicidade em um ser que, por ser falante, jamais encontrará o que deseja?

3
SEMPRE VOLTAMOS AO PRIMEIRO AMOR

A ideia de que a vivência de satisfação abre a possibilidade (impossível) de um reencontro com um momento no qual nos sentimos completos poderia explicar a tendência a buscar a felicidade no passado. De fato, o retorno é um dos temas mais importantes da literatura universal.

Aí está Sartre e sua célebre frase: *somos o que fazemos com aquilo que fizeram de nós*. À luz disso, podemos afirmar que somos o que fazemos com aquilo que nossas identificações fizeram de nós. Essas identificações que deram forma a nosso "Eu", que nos permitem dizer: eu sou. Ainda que salte aos olhos uma verdade inegável: quando dizemos "eu sou", aludimos a algo que pouco tem a ver com aquilo que na verdade somos. E esse é o grave erro da psicologia do Eu: buscar um sujeito onde só há uma série de identificações com aquilo que outros desejaram para ele. Ao contrário, a psicanálise tenta atravessar as barreiras dessas identificações para encontrar o desejo que percorre e determina o paciente.

Parafraseando Sartre, também somos aquilo que fazemos com o que nossas lembranças fizeram de nós. Porque, embora habitemos um mundo cheio de palavras de outros, pensar que nossas lembranças são alheias seria um erro. Se há uma reivindicação das lembranças, devemos nos apropriar delas e dizer, como Serrat: *acho que então eu era feliz*. Ou, por que não, acho que então fui um covarde. Nem sempre recordaremos feitos heroicos. De qualquer maneira, é importante nos reconhecermos nessas lembranças e compará-las com aqueles seres que fomos ao longo do tempo, para nos perguntarmos com sinceridade quem somos.

Muitos pensam que a psicanálise se nutre do passado. Longe disso. Às vezes – e só às vezes –, a psicanálise trabalha com a história, o que não é a mesma coisa. O passado é um conjunto de fatos imodificáveis que ocorreram há tempos. A história, por outro lado, é dinâmica. É uma soma de cenas que se modificam segundo o lugar onde colocamos a câmera e como dirigimos a luz. Diferentemente do passado, a história pode ser outra a partir da ressignificação que se fizer no presente daquilo que foi vivido no passado. No trabalho com meus pacientes, eu pude comprovar pais angelicais que se transformaram em demônios e, por outro lado, pessoas desvalorizadas que iam ficando em pé à medida que o tratamento avançava. É uma obviedade dizer que o passado influencia o presente. Não se trata, porém, de um caminho de mão única. O presente também influencia o passado, pois o questiona, lhe dá um sentido e o modifica.

* * *

Em certos povos da China, os títulos nobiliários não eram transmitidos aos descendentes através das gerações, e sim o contrário: os mais jovens "tornavam nobres" seus antepassados.

Assim, ninguém era príncipe por ser filho de um rei, e sim alguém era rei por ser pai de um príncipe. Gosto muito dessa inversão, dessa ideia de que só quando um filho agia com nobreza seus pais eram considerados nobres. Acho que há uma relação parecida entre nossas lembranças e nós, de maneira que nossas lembranças se tornam valoráveis na medida em que deram origem a uma pessoa de valor. Do contrário, serão lembranças degradadas e teremos que trabalhar para mudar e nos desapegar dos seres que fomos.

Algumas brincadeiras da infância permitiam que, em momentos excepcionais, um jogador pronunciasse uma palavra que interrompia o jogo, e então era possível mudar algumas regras. A psicanálise tem a ver com isso, com a possibilidade de suspender a inércia para repensar algumas coisas. O analista intervém e muda o rumo da sessão. Movido pela intervenção, o paciente para, olha para dentro e abre um espaço no qual pode questionar lembranças que apontem para uma direção sofredora. Mas existem outras às quais, de vez em quando, voltamos em busca de consolo.

* * *

Eu tinha treze anos e estava no oitavo ano. Na aula de castelhano, o professor havia passado uma tarefa que parecia titânica: ler *Martín Fierro*. Esse livro é um longo poema que, além de tudo, tinha duas partes. Chateado, comentei isso com Fanny, minha querida professora particular. Ela se sentou ao meu lado.

— Por que você está tão bravo? — perguntou. — Você sabe do que trata o *Martín Fierro*?

Respondi que não, e ela, com seu jeito apaixonado de narrar, começou a abrir diante de mim uma história de injustiça, heroísmo e bravura. À medida que o relato avançava, as imagens iam passando por minha cabeça. Fui conhecendo o campo com sua planície extensa, suas cercas e alambrados. Fui escutando o canto das calhandras e, à noite, os gritos da chajá. E, sem perceber, comecei a caminhar ao lado daquele gaúcho solitário e triste. Até que Fanny interrompeu o relato na metade. Ansioso, eu lhe pedi que continuasse.

— Não — respondeu ela. — Se quiser saber como continua, leia o livro.

Eu lia desde muito pequeno, mas aquela mulher derrubou meus preconceitos e abriu as portas do prazer da leitura dos clássicos para mim. Na aula de castelhano seguinte, eu já havia lido os dois volumes.

José Hernández morreu de infarto em 21 de outubro de 1886, enquanto tentava escrever uns versos de amor. Tinha 51 anos. Treze anos antes, em uma humilde caderneta de mercadinho, havia começado a escrever em verso, como Shakespeare e Dante antes dele, uma história gauchesca que se tornaria a principal obra da literatura argentina, a mesma à qual Fanny me introduziu quando eu tinha treze anos: *O gaúcho Martín Fierro*.

O protagonista é um homem honesto, um peão de campo a quem a desgraça transforma em fugitivo e assassino. Mas houve um tempo em que tudo era diferente. Um tempo em que Martín Fierro era feliz em seu rancho com a mulher que amava e seus filhos. Até que um recrutamento compulsório o obrigou a fazer parte do exército que combatia o "índio" na fronteira. Depois de três anos de maus-tratos, de falta de pagamento e humilhações, ele desertou. Tentando se esconder da lei que o perseguia, se exilou nas *tolderías*, refúgio oferecido pelos indígenas, seus antigos inimigos. Mas aquilo não era vida, e, depois de suportá-la por um tempo, Martín Fierro decidiu regressar a seu lar.

> *¡Y qué iba a hallar al volver!*
> *Tan sólo hallé la tapera.*[5]

Esse é o ponto. Fierro foi arrancado da felicidade e, em uma tentativa desesperada de recuperá-la, regressou a seu lar. Mas o retorno foi infrutífero, porque ele só encontrou a *tapera*, a casa em ruínas.

Quando eu era pequeno, vivi um tempo no campo. A falta de emprego na cidade levou meu pai a aceitar se mudar para uma fazenda para construir a casa onde os donos morariam. Foi lá que eu escutei pela primeira vez esta palavra: *tapera*.

Foi em um entardecer.

A luz do sol começava a se esconder no horizonte e os peões haviam se reunido em uma roda de chimarrão. Um deles tocava violão e preenchia o enorme silêncio do pampa. Em pouco tempo, como costumava acontecer, começou uma conversa.

Algumas vezes, eu tive a sensação de que aquelas conversas eram parecidas com as sessões de análise. Muito silêncio, escuta profunda e paciência.

Naquela ocasião surgiram uns temas mágicos, desses que encantam as crianças, como a mula sem cabeça, o lobisomem, essas coisas.

5 "E o que encontraria ao voltar!/ Só encontrei a casa em ruínas."

Felipe Medina era um homem de grande porte. Eu me lembro de sua voz calorosa, seu bigode fininho, seu riso contagioso, e também que tinha o mesmo nome que eu – meu segundo nome é Felipe. Em dado momento, eu me assustei. No meio do relato que me mantinha atento, Felipe colocou a mão em meu ombro, olhou-me nos olhos e me advertiu:

— Nunca vá sozinho à *tapera*.

Eu me assustei e assenti, sem saber do que ele estava falando.

Mais tarde, perguntei a meu pai. Ele sorriu e disse que eu não devia acreditar nessas coisas, que eram só superstições. Insisti em saber o que era *tapera*, e ele me explicou que era como se chamavam os restos abandonados de uma casa humilde. E naquele campo havia uma. Perto da lagoa, oculta pelo mato, havia duas paredes em ruínas. Restos do que um dia havia sido um lar. Os antigos habitantes daquela casa, certamente peões da fazenda, não estavam ali fazia muito tempo. Podiam ter mudado de emprego, mas o mais provável era que houvessem morrido. Esse detalhe dava mais dramaticidade à história.

Enfim, a partir daquele dia, eu evitava passar pela área onde sabia que havia uma *tapera* escondida pelo mato. Até que meu pai notou minha atitude e, uma tarde, foi comigo desvendar o mistério.

Enquanto caminhávamos para aquele lugar, eu sentia meu coração pulsar em minhas têmporas. Estava com meu pai, a quem, na época, eu atribuía o poder de me proteger de tudo; mesmo assim, estava apavorado. Entramos na lagoa e a atravessamos; a água chegava aos meus joelhos. Depois, atravessamos uma parte de bambus altos que não me permitiam ver adiante, e, ao sair dali, por fim estava diante da *tapera*. Eram apenas restos de duas paredes de barro. Ao lado, viam-se restos de uma janela, uns vidros quebrados e uns tijolos que não chegavam a ser um muro. Meu pai se sentou sobre eles e acendeu um cigarro.

— Ande — disse ele —, dê umas voltas e toque as paredes. Você vai ver que não há nada a temer.

Fui só para que ele não pensasse que eu era um covarde. De qualquer maneira, me abstive de tocar as paredes. Depois, sentei-me ao seu lado e ficamos conversando sobre banalidades, até que escureceu.

— Está anoitecendo — disse eu.

— E qual é o problema? — perguntou ele.

Não respondi. Fingi um desinteresse que não sentia, até que, por fim, pegamos o caminho de volta.

A psique é complexa. Tece mundos imaginários que a razão não consegue desmanchar.

Muitos anos depois, voltei àquele lugar. Queria ver com meus olhos de adulto o campo onde havia sido tão feliz quando era pequeno. Bem, era o que eu acreditava. Eu também, como todo mundo, às vezes caio na armadilha de idealizar aquilo que foi perdido.

Expliquei aos donos da fazenda quem eu era e eles gentilmente me deixaram entrar. Procurei a casa onde havíamos vivido naquela época, mas não a encontrei. Até que, de tanto forçar a memória, seguindo uma árvore com um formato específico e um declive do terreno, consegui me situar. Parei para observar com cuidado e, a poucos metros, descobri um montículo de escombros sobre um piso de cerâmica. Havia encontrado. Aquele era o lugar que, na infância, eu considerava um lar. Lar que, na atualidade, as pessoas também chamavam de *tapera*. Agora, meu pai e eu éramos os fantasmas que as crianças de hoje temem.

Assim como foi para mim, para Martín Fierro também houve um passado antes que seu rancho se transformasse em uma *tapera*; antes da perda e da dor. Ele mesmo o descreve depois dos primeiros versos.

Y sentao junto al jogón
a esperar que venga el día
al cimarrón le prendía
hasta ponerse rechoncho
mientras su china dormía
tapadita con su poncho.[6]

Assim eram suas noites antes do horror. Posso até imaginar.

6 "E sentado perto da lareira/ a esperar o dia chegar/ tomava chimarrão/ até ficar rechonchudo/ enquanto sua mulher dormia/ coberta com seu poncho."

Fierro está sentado perto do fogo e toma um chimarrão enquanto *su china* dorme em seus braços. Essa é sua vida: o rancho, os cavalos, o trabalho, o amor e a paz. De repente, tudo desmorona. Chega o exército, os maus-tratos, a tortura, a deserção e, a partir desse momento, o inferno de viver fugindo e se escondendo.

Ele não tem opção.

Pues si usté pisa en su rancho
y si el alcalde lo sabe
lo caza lo mesmo que ave
aunque su mujer aborte...
¡No hay tiempo que no se acabe
ni tiento que no se corte!

Y al punto dese por muerto
si el alcalde lo bolea
pues ay nomás se le apea
con una felpa de palos,
y despúes dicen que es malo
el gaucho si los pelea.

Y el lomo le hinchan a golpes,
y le rompen la cabeza,
y luego con ligereza
ansí, lastimao y todo
lo amarran codo con codo
y pal cepo lo enderiezan.[7]

7 "Pois, se você pisa no rancho/ e o prefeito fica sabendo/ Ele o caça como aos pássaros/ nem que sua esposa aborte.../ Não há tempo que não acabe/ nem tentativa que não malogre!// E pode se considerar morto/ se o prefeito o acossar/ Pois aí mesmo lhe dá/ uma surra de pau,/ e depois dizem que é mau/ o gaúcho que revida.// E incham seu lombo a golpes,/ e quebram sua cabeça,/ e depois, sem demora/ assim, machucado e tudo,/ o amarram com as mãos para trás/ e o levam ao cepo."

O cepo. A tortura, a tentativa de desumanizá-lo. E a luta, a busca por acabar com tanto sofrimento. Como? Voltando. Voltando a um passado cheio de lindas lembranças. Uma volta impossível. Como toda volta.

> *Tuve en mi pago en un tiempo*
> *Hijos, hacienda y mujer,*
> *Pero empecé a padecer,*
> *Me echaron a la frontera,*
> *¡y qué iba a hallar al volver!*
> *Tan sólo hallé la tapera.*[8]

Esse gaúcho que se apega ao passado em uma tentativa inútil de recuperar a felicidade perdida me comove. Porque a busca por um reencontro está sempre fadada ao fracasso. Bem o sabem os casais que, depois de uma separação, decidem se dar uma segunda chance. Se esperam reencontrar o que tiveram, só encontrarão desilusão. A tentativa pode dar certo, claro, desde que se dediquem a construir uma história nova, e não a recuperar um passado que não mais existe. O que um casal foi no início é outra forma da vivência de satisfação, e parte do sucesso das segundas chances está em admitir que o reencontro é impossível. Porque aquilo que a pessoa vai buscar não está mais lá. O passado que tanto amamos hoje não é mais que uma *tapera*, uma casa em ruínas, e é preciso aprender a amar a pessoa que está diante de nós aqui e agora. Sem nos apegarmos ao que passou, sem pensar nas pessoas que ela teve durante o tempo que não estávamos juntos, nos orgasmos que não nos pertencem, na ausência. O desafio é aceitar o risco de construir um novo amor que, claro, terá alguns restos do amor passado, mas que deve ter, principalmente, a força de um desejo presente. Do contrário, o que nos espera é só um tempo melancólico.

8 "Tive a meu crédito uma vez/ Filhos, fazenda e mulher,/ Mas comecei a sofrer,/ Fui mandado à fronteira,/ E o que encontraria ao voltar!/ Só encontrei a casa em ruínas."

Em *El precio de la pasión*, citei uma tragédia que vive nos mitos gregos: a história de Laodâmia e Protesilau.

Laodâmia era uma jovem que se apaixonou violentamente por Protesilau, que correspondeu a esse amor. Pouco depois do casamento, o esposo teve que ir para a famosa guerra de Troia e foi o primeiro grego a morrer em combate. Ao saber disso, Laodâmia entrou em um estado de loucura. Com suas próprias mãos, construiu uma estátua de cera que era o reflexo exato de seu esposo morto, e jamais se separava dela.

Em dado momento, Acasto, seu pai, que a observava muito preocupado, aproximou-se, conseguiu tirar-lhe a estátua e a jogou ao fogo. Sua filha, furiosa, soltou-se de seus braços e pulou na fogueira para morrer consumida pelas chamas.

Naquele livro, interrompi o relato aí, mas existe outra versão que conta o que se segue. Quando Laodâmia soube que seu esposo havia morrido, caiu em uma tristeza tão profunda que os deuses permitiram que ele voltasse para ela por três horas. Quando ele partiu de novo, a mulher se suicidou.

Em seu livro *Notas al pie*, Alejandro Dolina escreveu um conto que chamou de "El regreso de Protesilao". Foi assim que ele interpretou esse regresso ilusório, essa tentativa impossível de recuperar a felicidade perdida.

> *Eu sei que as coisas foram muito diferentes. O velho Polemon me contou que, certa noite, enquanto preparava armadilhas para ratos, viu uma sombra avançar pelo caminho do palácio de Acasto. Distinguiu algo estranho no caminhar daquele homem. Seguiu-o, escondendo-se entre as árvores, e logo, à luz da lua, pôde ver o rosto familiar de Protesilau. Polemon logo adivinhou que o rapaz estava morto. Um defunto se locomove de um jeito estranho. Seu corpo responde a forças diferentes e é fácil reconhecer sua verdadeira condição.*
>
> *O idoso o viu se dirigir aos aposentos de Laodâmia. Ouviu os gritos de alegria da jovem. Viu-a abraçá-lo e beijá-lo. Mas ele estava morto. Sufocado pela tragédia. Frustrado, porque havia esperado que o amor também ressuscitasse. Mas isso não aconteceu.*

Por um tempo, viveram as agitações de breve pulsão carnal. A seguir, Protesilau se sentou perto do fogo com expressão taciturna, com desamor de morto. Ela o acariciou e lhe disse as mais doces palavras. Ele permaneceu em silêncio, até que, um pouco depois, muito antes de terminar o prazo acordado com os deuses, saiu e tomou o caminho do porto.

Laodâmia compreendeu sua verdadeira desgraça e se enforcou, não para acompanhar Protesilau, mas diante do desespero de não poder acompanhá-lo.

Os deuses não existem; os mortos não voltam. Nem os que deixam de amar.

O reencontro com o objeto perdido não existe.

Às vezes, acreditamos consegui-lo, mas isso não passa de um engano. Assim como os deuses e os mortos, também o regresso não existe e não convém se entregar à dor do desencontro.

A morte começa no dia em que começamos a buscar a felicidade no passado. No dia em que renunciamos às emoções presentes e às construções possíveis para nos amparar na melancólica busca daqueles que fomos em um tempo que passou para sempre. Um tempo de grandes desejos. Às vezes, cometemos o erro de acreditar que o único desejo relevante é o de coisas impossíveis, por isso idealizamos os desejos da juventude. Isso é um erro. Eu me lembro daquela idosa que comentou comigo, emocionada, que no domingo seus netos iriam buscá-la no asilo e a levariam para almoçar na casa deles. Não parecia um grande sonho, era só um almoço em família. Porém, era um desejo cheio de vida, muito mais que o de algumas pessoas que, com muito pouco entusiasmo, nos contam grandes projetos.

* * *

A vivência de satisfação deixa uma marca indelével que nos convoca a vagar em busca de algo impossível. Somos andarilhos percorridos por uma decepção constante. Buscadores de algo inexistente.

Nosso próprio Santo Graal. Contudo, essa busca permanente nos faz humanos. Um golfinho ou uma baleia jamais sairiam em busca de algo que não existe. Nós, sim. É o que somos: buscadores infrutíferos de algo que nunca houve nem jamais haverá. Mas, embora isso pareça absurdo, essa busca é o que dá sentido à nossa vida. Porque, nesse percurso, vamos enchendo-a de coisas relevantes. Coisas que às vezes estão no passado, que às vezes pomos no futuro. Coisas que, às vezes, quando fazemos direito, iluminam – pelo menos por um instante – nossa vida presente.

4
FELICIDADE E FUTURO

Refletimos sobre a felicidade buscada no ontem. Agora, vamos para a outra parte dessa linha do tempo imaginária e pensemos na felicidade projetada para o futuro. A felicidade esperançosa ou, quem sabe, procrastinada.

Para iniciar o caminho, vejamos um conto do escritor britânico Max Beerbohm que Jorge Luis Borges, Adolfo Bioy Casares e Silvina Ocampo escolheram para fazer parte de sua *Antologia da literatura fantástica*.

Trata-se de um relato que pode nos ajudar a pensar o que acontece quando projetamos a felicidade para a frente.

O autor, ao mesmo tempo, é coprotagonista da história e narra um acontecimento de seu próprio passado.

Tudo começa em 3 de junho de 1897, quando Max Beerbohm almoça com Enoch Soames, um jovem poeta que está deprimido pela falta de reconhecimento de sua obra. Soames sente que é um escritor genial que a crítica e os leitores ainda não descobriram, e, apesar de seu fracasso atual, manifesta a certeza de que um futuro relevante o espera, no qual seu nome será famoso. No presente, ele sofre a falta de interesse que sua literatura gera, mas tem certeza de que, em pouco tempo, sua tristeza se transformará em felicidade.

De uma mesa próxima alguém o ouve. O desconhecido se aproxima e se apresenta. Trata-se do diabo, que lhe faz uma proposta desafiadora: em troca de sua alma, o demônio se compromete a transportar Soames cem anos para o futuro para que possa passar uma tarde no Museu Britânico, em cuja sala de leitura poderá descobrir como foi tratado pela posteridade. Depois do tempo combinado, devolverá Soames ao mesmo restaurante, na mesma data, no instante exato em que se encontram agora, e cobrará seu pagamento.

Disposto a comprovar seu sucesso futuro, o escritor sela o acordo com o diabo e desaparece. Imediatamente se encontra na biblioteca do museu, onde busca seu nome, sem sucesso. Continua a pesquisa, até que, já nervoso, pergunta qual é o melhor livro moderno sobre os grandes escritores da literatura nos idos do século XIX. Indicam-lhe o de T. K. Nupton. Soames pede que o entreguem a ele e começa a procurar seu nome, até que, por fim, o encontra. Depois de ler o comentário, copia-o em um papel e aguarda que vença o prazo combinado com o diabo. Assim, volta ao restaurante, onde Beerbohm, que o espera sentado à mesma mesa, tira dele o papel que havia trazido do futuro e lê:

> *um escritor da época, chamado Max Beerbohm, que ainda vivia no século XX, escreveu um conto no qual retratou uma personagem imaginária chamada Enoch Soames, um poeta de terceira categoria que se julga um grande gênio e faz um pacto com o diabo para saber o que se pensaria dele na posteridade. É uma sátira um tanto artificial, mas não carente de valor, uma vez que demonstra até que ponto os jovens dessa década se levavam a sério.*

Beerbohm diz que deve haver algum engano, mas Soames sabe que não há erro possível. Envolvem-se em uma acalorada discussão, que é interrompida pela chegada do diabo, que, sem hesitar, leva Enoch Soames para seus domínios infernais.

Cito o final do conto:

> *"Faça o possível – foi o rogo que me dirigiu no exato instante em que o diabo o tirava bruscamente pela porta –, faça o possível para que saibam que eu existi". Um segundo depois, eu também saí.*

Fiquei olhando para todos os lados, à direita, à esquerda, à frente. Vi a luz da lua, vi a luz dos postes, mas Soames e o Outro haviam desaparecido.

"Faça o possível para que saibam que eu existi." Talvez esse pedido tenha sido a causa pela qual Max Beerbohm escreveu aquele conto. Seja como for, o pedido de Soames deixa no ar uma ideia: talvez a felicidade consista em ter tido uma vida relevante. Afinal de contas, como dissemos, um dia seremos um conto, e talvez nosso desafio seja deixar alguns parágrafos que permitam construir uma linda história.

Felicidade e relevância.

Penso no evangelho de Mateus. Em um dos versículos, Jesus diz: *Pois onde dois ou três estiverem reunidos em meu nome, ali estou eu no meio deles.* Não posso deixar de escutar uma súplica nessa frase: reúnam-se em meu nome. Não se esqueçam de mim. E recordo as últimas palavras do revolucionário mexicano Pancho Villa: *Não me deixem morrer assim. Digam que eu disse alguma coisa.*

* * *

Pensar a felicidade como meta, como destino, não se opõe à ideia da vivência primária de satisfação. Pelo contrário, também quando buscamos a felicidade no futuro ansiamos pelo reencontro com esse momento passado no qual supostamente nos sentimos completos e fomos felizes. Soames achava que, se suas letras tivessem alcançado a glória póstuma, ele alcançaria a felicidade. Estava enganado. Se tivesse conseguido a relevância com que sonhava, também não teria sido totalmente feliz. Essa relevância, por maior que fosse, distaria da magnitude que ele esperava. Porque sempre há uma distância entre aquilo que se busca e o que se encontra.

De qualquer maneira, o relato destaca algo interessante: Soames queria ratificar no futuro que seu presente tinha um sentido. O poeta vendeu a alma ao diabo com o único fim de comprovar, em um tempo ulterior, que o que estava fazendo no agora era importante. Sentia-se abatido e só pretendia saber que o que havia feito até aquele momento não fora em vão. Era seu único desejo. Ser recordado, ao menos.

Projetar a felicidade no futuro é uma maneira de escapar das dificuldades do presente. Um erro que consiste em confundir felicidade com esperança.

Quando eu era pequeno, meu pai costumava me dizer: *Amanhã é a palavra mentirosa com a qual se enganam as almas moribundas.* Acho que essa frase não lhe pertencia, mas nunca a esqueci. Talvez daí provenha minha reticência a ver na esperança uma atitude aconselhável.

A esperança é um convite ao engano, a acreditar que tudo vai dar certo, a ter fé. Mas a fé também não é suficiente para ser feliz. Afinal de contas, como disse Kant, a fé consiste em acreditar que algo acontecerá só porque tem que acontecer. Ou seja, que para ter fé é preciso acreditar na existência de uma justiça divina. Assim como a esperança, a fé requer a renúncia ao pensamento. É um salto no vazio com a ilusão de que algo ou alguém evitará nossa queda. Deus, outro dos grandes mistérios. O enigma que tirou o sono inclusive das mentes mais brilhantes.

Albert Einstein, apostando na necessidade da existência de uma ordem universal, assumindo que as coisas não podem se produzir só por obra do acaso, apontou que *Deus não joga dados*. De uma maneira maravilhosa, Woody Allen respondeu que é verdade, *Deus não joga dados, brinca de esconde-esconde*. Em outras palavras, onde está Deus?

Essa associação não me pertence, é do querido mestre José Pablo Feinmann.

Há pouco tempo, alguém me disse que não acreditava em Deus, mas que pensava nele. Enorme diferença. Porque a crença se detém diante do mistério e aceita uma resposta impossível de se demonstrar. O pensamento, por outro lado, nos coloca em movimento. Uma crença não pode ser refutada, um pensamento, sim. Não se pode discutir com quem acredita, mas com quem pensa, sim.

Fé, crença e esperança são palavras perigosas.

A fé implica acreditar sem questionar. A crença, aceitar sem testar. A esperança, ficar imóvel à espera de que algo chegue. Atitudes que atentam contra a vida.

Borges falou acerca do suborno do céu. Resistia a pensar que, se existisse, Deus seria tolo a ponto de salvar alguém só porque a pessoa acreditava nele. A fé não é suficiente para salvar ninguém. Como afirmava Paulo de Tarso, sem ação, a fé é vazia. Compartilho dessa ideia. Eu gostaria de pensar que, se alguém consegue evitar o inferno, não é porque teve fé, e sim porque sua vida, sua luta e suas atitudes foram nobres. Mesmo que nunca tenha acreditado em nada.

Borges nos coloca diante de uma outra provocação em relação ao porvir, ao céu prometido como lugar último de felicidade.

Em um artigo chamado "Do céu e o inferno", escreve:

> *Para quase todos os homens, os conceitos de céu e felicidade são inseparáveis. Os teólogos definem o céu como um lugar de eterna glória e ventura e advertem que não é esse o lugar dedicado aos tormentos infernais. Butler, no fim do século XIX, projetou um céu no qual todas as coisas se frustram rapidamente, visto que ninguém é capaz de tolerar uma felicidade total.*

E, mais adiante, leva-nos à reflexão de um teólogo inglês:

> *[Leslie] Wheatherhead argumenta que o inferno e o céu não são localidades topográficas, e sim estados extremos da alma. Propõe a tese de um só ultramundo heterogêneo, alternadamente infernal e paradisíaco, segundo a capacidade das almas. Escreve que a direta perseguição de uma pura e perpétua felicidade não será menos irrisória do outro lado da morte que deste. "A dor do céu é intensa", comenta, "pois, quanto mais tenhamos evoluído neste mundo, mais poderemos compartilhar da vida de Deus no outro. E a vida de Deus é dolorosa. Em seu coração estão os pecados, os sofrimentos, todo o pesar do mundo. Enquanto restar um único pecador no mundo, não haverá felicidade no céu".*

Uma frase que aponta para o amanhã, mas que nos faz estremecer aqui e agora.

A esperança é outra maneira de depositar a felicidade no futuro. Segundo esse olhar, seremos felizes mais à frente, quando realizarmos nossos sonhos. Isso é uma utopia. Se não pudermos ser felizes no percurso que conduz a esses sonhos, não o seremos nunca, porque, como dissemos, quando os realizarmos, o resultado jamais estará à altura do sonhado.

A esperança e a fé são parecidas. Ambas exigem uma crença sem provas. A fé é um verdadeiro paradoxo, porque nos convida a renunciar àquilo que nos faz humanos – a razão –, apesar de só um ser humano ser capaz de ter fé. Os animais não precisam dela porque não têm a ideia da morte. Não sentem culpa pelo que fizeram no passado nem medo daquilo que os espera no futuro.

Felicidade, esperança e fé são invenções de nossa espécie.

A felicidade nos faz humanos porque, como afirmava Comte-Sponville, *sua impossibilidade nos distingue dos deuses, e sua aspiração, dos animais*. Ou seja, nunca seremos felizes porque somos imperfeitos, porque sempre nos faltará algo. E jamais deixaremos de buscar a felicidade porque sabemos que um dia morreremos.

Quase sem perceber, mais um pensador entrou neste livro: André Comte-Sponville. Como não haveria de entrar em um texto que pensa a felicidade?

Esse filósofo francês escreveu um livro chamado *A felicidade, desesperadamente*. Nós o sobrevoamos em *El precio de la pasión*. Agora, vamos lhe dedicar um pouco mais de tempo.

Comte-Sponville parte de uma definição de Epicuro:

> *A filosofia é uma atividade que, mediante discursos e raciocínio, nos propicia a vida feliz.*

Com base nessa afirmação, o autor conclui que o filósofo é um buscador da felicidade, mas não a qualquer custo, porque há algo que ele ama ainda mais que isso: a verdade. Isto é, o filósofo quer ser feliz, mas não está disposto a enganar a si mesmo. Segundo ele, *só é filósofo aquele que prefere uma verdadeira tristeza a uma falsa alegria.* Uma postura que qualquer outro tipo de terapia não avalizaria, mas a psicanálise, sim. Porque, enquanto algumas técnicas terapêuticas buscam que o paciente seja feliz ou, no mínimo, encontre bem-estar de qualquer maneira, o analista prefere levar o paciente a aceitar uma verdade que dói a sustentar uma felicidade baseada na mentira.

Esse não é um detalhe sem importância. É uma postura que define a ética do analista. É obvio que a análise, como tudo na vida, tem um limite. Às vezes, o limite é imposto pelo próprio paciente, que escolhe até onde quer avançar. Freud advertiu sobre os riscos do *furor curandis*, ou seja, do perigo de que o profissional avance além do ponto em que o paciente diz "chega". Em geral, acredita-se que a frase "vamos encerrar por aqui" é sempre pronunciada pelo analista, o que é verdade dentro do âmbito da sessão. Mas, em relação ao fim do tratamento, muitas vezes é o analisado quem decide dá-lo por concluído. E ele tem esse direito. A vida é dele, e é ele quem decide até onde quer se aprofundar.

Diferentemente da meta proposta por Epicuro, o analista não busca a felicidade de seu paciente, e sim a possibilidade de que ele consiga ter uma vida diferente da que tinha, sem tantos sofrimentos e próxima de seus desejos verdadeiros. É possível que, assim, a pessoa seja um pouco mais feliz, mas, parafraseando Freud, essa felicidade não será o fim buscado, e sim uma consequência.

Vamos avançar mais um pouco no texto de Comte-Sponville:

> *O essencial é não mentir e, especialmente, não mentir a si mesmo. Não mentir sobre a vida, sobre si mesmo, sobre a felicidade.*

Não escolhi esses excertos por capricho, e sim porque apresentam um desafio similar ao proposto pela análise.

No início do tratamento, é comum que o paciente não saiba bem quem é. Dissemos que o sujeito humano ("o falante") não nasce com um ser e deve ir construindo sua identidade a partir de identificações sucessivas. Gestos, palavras, preceitos e atitudes que absorve das pessoas significativas de sua vida (pai, mãe, irmãos, avós, professores) e que lhe permitem montar algo que representa e que denominará "Eu". Mas, como vemos, trata-se de uma montagem quimérica. De uma personalidade enganosa, como seu nome indica.

Na origem do teatro grego, denominava-se "persona" a uma máscara usada pelos atores para amplificar e modificar sua voz e esconder sua verdadeira identidade. Assim, eles davam vida a suas "personagens". Ou seja, a "persona" – pessoa – não é mais que um disfarce, um engano que a análise tenta derrubar com suas perguntas: "É isso realmente o que você deseja?"; "Por que faz tanto mal a si mesmo?"; "Quem você realmente é?".

Essas perguntas, comuns em um tratamento analítico, visam abalar as identificações e fazer surgir a verdadeira voz do paciente: a voz do desejo. Uma voz que expõe nossa condição de seres em falta. Platão utiliza Sócrates dizendo isso em *O banquete*:

> *O amor é desejo, e o desejo é carência.*

Talvez por isso a felicidade seja tão difícil de alcançar. Para Albert Camus, impossível.

> *O homem morre e não é feliz.*

Uma frase letal, ainda que eu me permita duvidar de sua veracidade. Schopenhauer me interceptaria com seu caráter violento e me recriminaria:

— Como se atreve a duvidar de algo tão evidente? Acaso não sabe que a vida não passa de um pêndulo que vai irremediavelmente da dor ao cansaço? Dor por não ter o que se deseja; cansaço por tê-lo.

Então, de mãos dadas com um novo desejo, a possibilidade de ser feliz dispara outra vez para a frente. É o que Comte-Sponville denomina *a armadilha da esperança*, o erro de acreditar que alcançaremos a felicidade quando alcançarmos o que buscamos. Algo que, ao chegar, nos deixará um gosto de frustração.

* * *

Já vi muitas pessoas indo do anseio ao tédio. Atrevo-me a dizer que a maioria transita pela vida sem conseguir interromper esse circuito de frustração que não deixa lugar para a felicidade presente. Então, apelam à promessa de uma felicidade futura. Um território incerto e desagradável.

Não é ruim ter projetos, afinal, é a única coisa que nos separa da morte. E talvez a felicidade seja gestada no esforço, no percurso, na entrega, em cada passo que nos aproxima do desejado. Acreditar que seremos felizes no fim do caminho é um pensamento mágico, um gesto de autoengano. No livro *El duelo,* ao percorrer a história dos céus, aludimos às promessas de felicidade nas quais muitos povos acreditaram ao longo dos séculos.

Há um conto de Enrique Anderson Imbert, "El fantasma", que narra a história de um homem que morre e vira fantasma. Um espectro absolutamente consciente de tudo e de todos. E esse espectro fica esperando a morte de seus entes queridos, pensando que, quando isso acontecer, estará com eles de novo e sentirá a felicidade que, de vez em quando, o reencontro familiar promove.

Durante sua espera, ele acompanha a esposa e suas filhas para todo lado. Elas não percebem sua presença, mas ele continua ao lado delas, cheio de anseio. Quando o inverno chega, sua esposa adoece. O protagonista deseja, com todas as suas forças, que ela morra, com a esperança de que, por fim, possam reencontrar-se. Porém, ao morrer, o fantasma da mulher é tão invisível para ele quanto para as filhas.

Cito Anderson Imbert:

> *Ficou outra vez sozinho, mais sozinho ainda, posto que já não podia ver sua mulher. Consolou-se com o pressentimento de que a alma dela estava ao seu lado, contemplando também as filhas de ambos. Acaso sua mulher percebia que ele estava ali? Sim... claro! Não havia dúvida. Era tão natural!*

As filhas ficam aos cuidados da tia, e o fantasma continua ao lado delas durante anos, até que elas vão morrendo, uma após a outra. As três solteiras, sem filhos. E ele não tem mais ninguém a quem acompanhar.

> *Mas ele sabia que, no invisível da morte, sua família continuava triunfando, que todos, pelo prazer de se adivinhar juntos, habitavam a mesma casa, agarrados à sua cunhada como náufragos no último pedaço de tronco.*

O final é avassalador.

> *Sua cunhada também morreu. [O fantasma] aproximou-se do ataúde onde a velavam, olhou seu rosto, que ainda se oferecia como um espelho para o mistério, e soluçou, sozinho, tão, tão sozinho! Já não havia mais ninguém no mundo dos vivos que atraísse a todos com a força do carinho. Já não havia possibilidades de se encontrarem em um ponto do universo. Já não havia esperanças. Ali, entre as velas em chamas, deviam estar a alma de sua mulher e de suas filhas. Disse-lhes "Adeus!", sabendo que não podiam ouvi-lo, foi para o quintal e voou noite acima.*

Trata-se de um conto apavorante.

Aquele fantasma havia depositado a esperança de ser feliz mais à frente, no futuro incerto que o Além reservava. Mas, como eu disse, a felicidade não está mais à frente. A morte é que está mais à frente. Por isso, é bom usar nossa humanidade aqui e agora, neste tempo cheio de ontens e amanhãs, que, embora breve, é o único possível.

Qual é o desafio que Comte-Sponville nos propõe? Alcançar aquilo que denomina "felicidade em ato". Encontrar o prazer de amar aquilo que se tem e a alegria de desejar aquilo que se ama, sem se refugiar em nenhuma esperança.

Vamos recordar quais são as três características da esperança segundo a descrevemos em *El precio de la pasión*:

a. A esperança nasce da ausência.
É um anseio que alude a algo que não temos. Um anseio que surge da falta. Tendo em conta que não é possível gozar do que não se tem, é lícito dizer que esperar é desejar sem desfrutar.

b. A esperança se refere a algo que não sabemos se acontecerá.
Portanto, ignoramos se o que desejamos vai acontecer.

c. Trata-se de um desejo cuja satisfação não depende de nós.
Isso implica que não podemos fazer nada para conseguir o que desejamos, só esperar.

Essas características levam Comte-Sponville a formular a seguinte definição:

> *A esperança é um desejo que se refere a algo que não temos (uma carência), sobre o qual ignoramos se é ou será satisfeito, e cuja satisfação não depende de nós. Enfim, esperar é desejar sem desfrutar, sem saber e sem poder.*

Então, a esperança impede o prazer porque remete a algo que não temos e, portanto, de que não podemos desfrutar. Algo que ignoramos se acontecerá e, além de tudo, que nos deixa impotentes, porque o resultado esperado não depende de nós. Não podemos fazer nada.

Quem pode ser feliz sem desfrutar e sentindo-se ignorante e impotente?

Por tudo isso, o filósofo afirma que a esperança nos retém em um estado de profunda infelicidade e que, se existe alguma possibilidade de ser feliz, ela vem acompanhada de desespero.

Compartilho esse olhar e acrescento que é possível que, sob o disfarce da esperança, se esconda a procrastinação.

A palavra procrastinar significa "adiar até amanhã". Apesar de que, no uso habitual, esse amanhã costuma se eternizar. Mas há outra etimologia atraente que remete ao grego antigo, *akrasia*, que implica "fazer algo contra nosso melhor julgamento", ou seja, fazer algo contra nós mesmos, prejudicar-nos.

Em psicanálise, costumamos utilizar o termo procrastinar em referência a um mecanismo sintomático que consiste em afastar o desejo até torná-lo impossível. Faremos tudo depois, e, assim, agiganta-se a distância que nos separa de nossos desejos – e, por extensão, do prazer. Mas é bom esclarecer que nem sempre a espera é patológica. Muitas vezes, a espera responde ao princípio da realidade, ao pensamento que indica que ainda não é hora de dar determinado passo. Ninguém em sã consciência abandonará o barco um quilômetro antes de chegar ao porto. É importante ter a capacidade de esperar, que não é a mesma coisa que procrastinar. Quando alguém compreende que ainda não é tempo de agir, está usando uma aptidão filha da maturidade: a possibilidade de "intermediar", de pôr algo entre o estímulo e a resposta. Quando um bebê está com fome, chora. Não suporta a tensão, não pode esperar e reduz essa ansiedade como pode. Por outro lado, um adulto escolhe o que vai preparar, liga o forno, espera uma hora e só então aplaca sua fome, porque desenvolveu a faculdade de esperar para obter sua satisfação. Ele não está postergando. Faz coisas para produzir aquilo que deseja, trabalha em direção a esse desejo sabendo que ainda não é hora de se satisfazer, mas vai nessa direção.

A espera inteligente suporta a ansiedade, enfrenta a impaciência e contém o transbordar dos impulsos. A procrastinação, por outro lado, elude o compromisso de lutar pelo que se deseja e a responsabilidade e o esforço que a tentativa de ser feliz demanda.

Muitas vezes, fingimos esperar quando, na verdade, estamos procrastinando. Quando isso acontece, entramos em um circuito doentio no qual adiamos aquilo de que dizemos necessitar para ser felizes e ficamos emaranhados em um nó duplamente patológico. Por um lado, ao jogar o assunto para a frente, nós nos afastamos de nosso desejo. Por outro, alimentamos a esperança absurda de que seremos felizes quando alcançarmos justamente aquilo que acabamos de adiar.

A espera pode abrigar a felicidade. Já a postergação a anula por completo. Porque a procrastinação é prazerosa – com essa dupla face que tem o prazer, que por um lado satisfaz e por outro machuca.

Falaremos disso mais adiante.

Qual é a satisfação que encontramos adiando? Evitar a responsabilidade de assumir um desejo. Qual é a dor que implica? A impossibilidade de obter o prazer decorrente de se conseguir aquilo que se deseja.

5
LUGARES DE FELICIDADE

Depois de pensar em ontens e amanhãs, resta-nos a sensação de que não é factível situar a felicidade no tempo. Acaso existe um espaço que ela habite? Algum território onde possamos ir buscá-la?

Existe um lugar-comum que diz que "a felicidade está dentro de nós". Então, por que costumamos buscá-la em coisas que estão fora de nós?

É claro que a sensação de felicidade é interna, mas pode ser que o motivo que a gera, não. É possível, inclusive, que não possamos nos bastar sozinhos para alcançá-la. Há quem pense que será feliz quando acontecer algo que deseja e que só diz respeito a si. Porém, muitas vezes, nossa felicidade tem relação com algo que acontece com outras pessoas. Diante dessa possibilidade, outro lugar-comum atravessa nosso caminho: "Ser feliz é viver para os outros". Talvez ambas as visões tenham algum sentido.

Durante muitos anos, eu acreditei que meu pai não gostava de doce de batata-doce. Quando havia sobremesa em casa, sempre queijo com doce de batata-doce, ele recusava. Uma vez, perguntei a ele o motivo e ele me respondeu que não gostava. Anos depois, descobri que, na verdade, ele adorava doce de batata-doce, mas abria mão de sua parte para que minha irmã e eu pudéssemos dividi-la. Não havia queijo e doce para todos, e meu pai encontrava a felicidade no prazer de seus filhos.

Felizmente, às vezes a vida nos dá oportunidade de ser gratos.

Minha oportunidade chegou certa manhã, quando vi que minha mãe havia postado no Facebook uma foto photoshopada na qual estava diante da Torre Eiffel. Embaixo, havia escrito um texto breve: "Será que um dia eu também poderei conhecê-la?".

Ao ler isso, fiquei comovido. Ou talvez angustiado. Aquela mulher que me esperava todas as madrugadas com a comida quente quando eu voltava do doutorado, a mesma que durante anos, fizesse sol ou chuva, havia me levado às aulas de música, que havia me incentivado quando minhas forças pareciam fraquejar, tinha um desejo: conhecer a Torre Eiffel. E, com a mesma rapidez com que eu havia me emocionado, tomei uma decisão. Convidei-a a almoçar no dia seguinte e disse: "Você vai a Paris".

Ainda sinto seu abraço, seu pranto.

A partir desse instante, surgiu uma avalanche de acontecimentos que foram muito parecidos com a felicidade. As vésperas já fazem parte da meta. Por isso, cada detalhe que nos deixava mais perto da realização de seu sonho era vivido com intensidade. Até que chegou o dia. Era a primeira vez que minha mãe entrava em um avião e seus olhos tinham um brilho quase infantil. Seu maravilhamento, a maneira lúdica com que recebia a bandeja de comida e observava tudo à sua volta: a tela que saía do apoio de braços, o controle da poltrona ou os sinais luminosos do piso. Minha mãe curtia cada detalhe com um espírito inaugural tão poderoso que era impossível não se comover naquele aqui e agora que vivia. Aqui e agora indispensáveis para quem aspira à felicidade.

* * *

Certa vez, um jornalista subiu uma montanha para entrevistar um mestre zen. Quando estava diante dele, perguntou-lhe o que o diferenciava dos outros seres humanos. A resposta foi breve:

— *Nada. Exceto que, quando como, como, e, quando durmo, durmo.*

Aquele monge era sábio porque vivia com tanta intensidade que transformava cada momento em um momento eterno. Poderíamos pensar que são necessárias algumas centelhas de eternidade para ser feliz. Talvez seja indispensável conseguir que aquilo que fomos, o que desejamos ser e o que somos coexistam em um mesmo instante. Um instante sem passado nem futuro.

* * *

Aquela viagem a Paris teve muito disso. Desde que lhe dei a notícia até tirarmos a foto em frente à Torre Eiffel – a mesma que ela havia editado tempo atrás –, fui feliz com sua felicidade.

Mas nem todas as viagens são iguais.

Algumas pessoas dizem que têm um lugar no mundo, como se existisse para elas um lugar exato onde a felicidade é possível. Tenho para mim que, quando situamos a felicidade em uma geografia determinada, na verdade também estamos tentando ir para trás ou para a frente no tempo. Porque os espaços são geradores de associações e nos põem em contato com lembranças e desejos.

Toda vez que vou a Mar del Plata, espero a noite para me sentar nos degraus da rambla. Amo esse instante e esse lugar. Talvez porque me levam de volta à criança que fui. A mesma que aos cinco anos observou o olhar emocionado de seus pais, que, pela primeira vez na vida, haviam podido sair de férias e conhecer o mar. E lá estavam eles, de mãos dadas, olhando o oceano. E a cada viagem, quando repito o ritual, eu me pergunto: quem se emociona em mim? Quem é feliz? A criança, o homem ou aquilo que temos em comum? O que me comove: o espaço em que estou ou o tempo em que fui?

Não é fácil responder a essa pergunta. Às vezes, os lugares não são só lugares. São também a infância, o perdido, o que nunca mais teremos. O impossível.

Eu me lembro de um paciente, filho de italianos, que não tinha interesse de conhecer o lugar de onde seus pais provinham. Costumava debochar dessas pessoas que vão conhecer aldeias distantes em busca de suas raízes.

— Para que, se lá não há nada de mim?

Seu trabalho lhe permitia viajar muito. Porém, sempre evitava esse destino, cansado de tanta "italianidade".

Quando seu pai morreu depois de uma longa doença, ele estava de férias, viajando. Fazia dois anos que não se falavam, e ele não conseguiu chegar a tempo de se despedir. Sentia culpa e dor. Depois de alguns meses, sem saber bem por que, aproveitou uma de suas viagens a trabalho para passar pela cidadezinha onde seu pai havia nascido. Tinha o endereço de um primo, que havia sido o melhor amigo de seu pai e a quem por sessenta anos não vira mais.

Semanas depois, ele voltou ao consultório. Deitou-se no divã e ficou em silêncio.

— Aconteceu alguma coisa? — perguntei.

Ele levou um tempo para responder.

— Fui visitar a cidade de meus pais. Só para ver, sem nenhuma expectativa. Mas, quando cheguei, alguma coisa aconteceu. Era como se não fosse eu, como se olhasse cada esquina e cada casa com os olhos de meu velho, como se sua voz estivesse me descrevendo os lugares por onde eu passava. E, no caminho para o endereço que havia anotado, pensava muito nele. Naquelas ruas meu pai havia brincado quando era pequeno, havia rido e se apaixonado por minha mãe. As coisas mais importantes da vida dele aconteceram lá. A infância e o amor. E eu nunca me interessei por isso... cheguei à casa do primo dele com uma sensação estranha.

Silêncio.

— E o que aconteceu?

— Eu não havia avisado a ninguém que iria. E até pensei que talvez não valesse a pena bater à porta, que podiam ter se mudado fazia tempo.

— Mas bateu.

— Sim.

— Conte.

Ele suspirou.

— Depois de alguns segundos, um senhor bem alto, de olhos claros, abriu a porta. Eram os olhos de meu pai — ele caiu no choro.

— Não consegui dizer nada... não foi preciso. Ele me olhou e disse: "Você é o filho do Alessandro" — pausa. — Eu sempre achei que não me parecia em nada com meu pai, mas aquele homem que nem me conhecia reconheceu meu velho em mim.

— Talvez você tenha mais semelhança com seu pai do que acredita. E o que aconteceu depois?

— Meu tio não disse mais nada, só abriu os braços e eu me joguei neles. Não pude dar o último abraço em meu pai, mas tinha ele... senti até o cheiro de meu velho. E não me pergunte por que, mas, desde que meu pai morreu, foi a primeira vez que consegui chorar.

Não precisei perguntar nada, já sabia a resposta. Meu paciente havia abraçado sua origem, sua história, reconhecera-se em uma transcendência, em uma linhagem. E ali, naquele momento, teve sua revanche contra a morte. Naquele espaço habitado por palavras e histórias, experimentou a emoção de um reencontro impossível: o reencontro com o abraço que só seu pai podia lhe dar. E se sentiu feliz.

Então, a felicidade habita algum lugar do tempo ou do espaço? Não sei, mas não podemos esquecer que, para nós – falantes –, os tempos e os espaços estão cheios de emoções, de pedaços felizes e dilacerantes de nossa vida.

Lacan inventou um neologismo: extimidade. Um conceito que busca explicar a experiência única do ser humano para quem não é tão fácil discriminar o que está dentro e o que está fora, o que lhe pertence e o que não. Meu olhar me pertence, ou é daquele que olho? E o amor? É meu ou de quem amo? E a linguagem? E a pele, esse véu que nos recobre, que é acariciada e que apanha do mundo? E o mundo, esse espaço cheio de estímulos, de outras peles, de outros desejos, está fora ou dentro de nós? Porque, como veremos agora, o que acontece no mundo também determina nossa possibilidade de ser feliz.

Freud afirmava que existem três fontes de onde provêm as dores que enfrentamos. Falaremos disso; por enquanto, apenas adianto que uma delas é o mundo que nos cabe habitar.

Então, tomo esse conceito lacaniano, "extimidade", ressalto-o e afirmo que, para nós, homens e mulheres, as coisas não são tão simples e que talvez ontem, amanhã, dentro ou fora não importem muito se conseguirmos construir um momento de eternidade no qual possamos ser felizes e vencer a morte por um tempo.

II

EINSTEIN, FREUD E O POETA

A vida é uma ferida absurda.

Cátulo Castillo

1
MÁS NOTÍCIAS

Aproximava-se o século XX e a tragédia espreitava.

Inglaterra e Alemanha se olhavam com desconfiança. Quase todas as potências europeias lutavam para ampliar seu território, mas esses dois países estavam dispostos a ir mais longe. Só precisavam de um pretexto para explodir. E o pretexto chegou.

Em 28 de junho de 1914, Franz Ferdinand, herdeiro do trono austro-húngaro, desfilava com seu carro pelas ruas de Sarajevo. De repente, saído do nada, um estudante sérvio chamado Gavrilo Princip parou diante do carro que levava o arquiduque e atirou várias vezes, ferindo gravemente o príncipe e sua esposa, Sofia, que morreram em consequência do atentado. As últimas palavras de Franz Ferdinand foram: *não é nada*. Talvez a frase seja válida. Talvez a morte não tenha nada de muito relevante; afinal, todo ser que passa por esta Terra vai morrer em algum momento. Porém, o príncipe estava enganado. Sua morte não seria como todas.

O agressor, de apenas dezenove anos, foi detido antes de poder se suicidar e condenado a vinte anos de prisão no campo de concentração de Terezín. Não chegou a cumprir a pena: morreu em 1918 devido a uma tuberculose e às condições desumanas em que esteve preso.

Eu conheci esse campo.

A manhã era fria e uma neve quase imperceptível caía desde a noite anterior. Eu havia decidido visitar o lugar que fora utilizado pelos nazistas como campo de extermínio de crianças judias. Tudo ali era sombrio, quase asfixiante. Em algumas paredes havia, colados, desenhos que as crianças fizeram naquele cativeiro. Como psicólogo, durante minha formação estudei as técnicas que permitem interpretar as emoções que os desenhos infantis revelam. Parei para observá-los e comecei a chorar. Não pude me conter. Quanta angústia! Quanto sofrimento! Quanta crueldade denunciada em cada traço.

Recordei a canção que, em 1968, ainda muito jovem, Silvio Rodríguez compôs sobre esse absurdo:

Una pesadilla blanca
De chimeneas quemando sangre
Para hijos de Judea
Con rara estrella y rostro de hambre

En invierno y verano es igual
Tras alambres no hay estación
Terezín de los niños jugar
Con la muerte común
Mientras pintaban un cielo azul
Mientras soñaban con corretear
Mientras creían aún en el mar
Y los llevaban a caminar
Para no regresar

Terezín, pelota rota

Sed de tardes ya increíbles
Saltaron locas las altas tapias
Y el amor, irreductible
Quedó colgado en alambradas
De Terezín

Terezín, pelota rota[9]

9 "Um pesadelo branco/ de chaminés queimando sangue/ para filhos da

Segui o percurso com uma opressão difícil de administrar, e, ao chegar à porta da cela em que Gavrilo Princip havia ficado, o guia me perguntou se eu queria entrar. Havia uma condição: ele trancaria a porta por fora e só a abriria depois de cinco minutos. Eu disse que sim. Não parecia um desafio tão difícil.

O som do ferro, a escuridão e o silêncio foram atrozes. Ao me encontrar sozinho dentro da cela, senti um calafrio e a louca sensação de que não sairia mais. Era uma ideia absurda. Eu sabia que seriam só cinco minutos, contudo minha psique se recusava a acreditar nisso e fiquei angustiado. Respirei fundo, tentando diminuir o ritmo das batidas de meu coração, mas não pude, até que por fim a porta se abriu.

— Como se sentiu? — perguntou o guia.

Quis parecer tranquilo, mas não pude responder. O homem sorriu, compreensivo.

— Não se preocupe, acontece com todo mundo.

Assenti.

Foi uma experiência desagradável, mas não tanto quanto o horror que explodiu depois do assassinato do príncipe Franz Ferdinand.

Apoiado pela Alemanha, o imperador austro-húngaro culpou a Sérvia pelo incidente. Mas a Sérvia era aliada da Rússia, que, por sua vez, era aliada da França. Poucos dias depois, a Alemanha invadiu a Bélgica e declarou guerra à França. Como não podia ser diferente, a sempre hipócrita Inglaterra reagiu e entrou de cabeça no conflito. Assim começava a "Grande Guerra", conhecida mais tarde como "Primeira Guerra Mundial".

Quase dez milhões de pessoas morreram nos enfrentamentos e mais que o dobro foram feridas ou mutiladas. Em 1917, em meio

Judeia/ com estrela estranha e cara de fome// No inverno e no verão é igual/ por trás dos arames não há estação/ Terezín de crianças/ brincando com a morte comum/ enquanto pintavam um céu azul/ enquanto sonhavam em correr/ enquanto ainda acreditavam no mar/ e os levavam a caminhar/ para não voltar// Terezín, bola furada// Sede de tardes já incríveis/ Loucas pularam os altos muros/ E o amor, irredutível/ ficou pendurado nos alambrados/ de Terezín// Terezín, bola furada" àquele absurdo, aos vinte anos de idade morreu também Hermann, filho de Regina, irmã de Sigmund Freud.

Por fim, em 11 de novembro de 1918, deu-se por terminado o conflito bélico. Depois de sua vitória, os aliados, reunidos no palácio de Versalhes, decidiram como seria a nova distribuição da Europa. A Alemanha teria que renunciar às suas colônias, desmantelar seu exército e indenizar as demais nações pelos danos causados na guerra. Um tratado assim só podia ser o germe de um novo conflito – que seria muito mais destrutivo que o anterior.

No fim da década de 1920, em uma reunião organizada em Berlim por seu filho, Sigmund Freud conheceu um jovem brilhante que havia lhe causado uma impressão muito boa: Albert Einstein. Como ele comentou:

> *Ele é alegre, confiante e gentil, e entende tanto de psicologia quanto eu de física, de modo que tivemos uma conversa muito prazerosa.*

Foi a única vez que se viram pessoalmente. Porém, a satisfação de ambos havia sido tão forte que mantiveram uma amizade epistolar. Einstein tinha algumas coisas que provocavam em Freud uma inveja que nem o próprio criador da psicanálise se esforçava em disfarçar. Em primeiro lugar, sua juventude. Freud via que o físico tinha pela frente um tempo que lhe permitiria continuar aprofundando suas teorias. Um tempo que começava a faltar a Freud. Em segundo lugar, o aval que sua disciplina e seus predecessores davam a suas pesquisas.

Assim confessou Freud a sua amiga Marie Bonaparte:

> *O afortunado Einstein se saiu muito melhor que eu. Contou com o apoio de uma longa série de predecessores, de Newton em diante, ao passo que eu tive que abrir caminho sozinho, a passos largos, no meio de uma selva toda emaranhada.*

Além disso, considerava que o cientista tinha muita sorte,

porque ele trabalha com física matemática e não com psicologia, campo em que todo mundo crê que pode opinar.

Uma coisa que não mudou com o tempo...

Costumo fazer reuniões com pessoas que não leram nem uma única palavra de psicanálise e, mesmo assim, questionam nossa teoria e negam com convicção a existência do Inconsciente. Não é raro que isso ocorra, e não só entre os leigos. Com uma atitude que contradiz as próprias bases da ciência que pretendem defender, muitos cientistas tentam se apropriar da verdade e menosprezam tudo aquilo que escapa a seu entendimento. O próprio Einstein caiu nesse erro e se permitiu opinar sobre o assunto sem ter a menor ideia de como funcionava o universo descoberto por Freud. No ano de 1928, inclusive, recusou-se a apoiar a candidatura do psicanalista ao Prêmio Nobel. Pelo menos seu argumento foi sincero:

Apesar de minha admiração pelas engenhosas conquistas de Freud, hesito em intervir neste caso. Não pude me convencer da validade de sua teoria.

Essa recusa gerou um verdadeiro sofrimento em Freud, que ansiava obter esse reconhecimento para o qual foi nomeado em doze ocasiões.

* * *

No início da década de 1930, o horror mostrava suas garras mais uma vez. A violência pairava no ar e a paz da Europa estava novamente ameaçada. O fascismo avançava e percebia-se um clima tenso. Preocupada, a Liga das Nações encarregou o cientista mais importante da época, um pacifista declarado, de consultar as mentes mais brilhantes do mundo em busca de uma maneira de deter a guerra e, assim, evitar tanto sofrimento. Esse cientista era ninguém menos que Albert Einstein, que não hesitou em escrever ao mesmo homem cuja candidatura ao Prêmio Nobel havia se recusado a apoiar: Sigmund Freud. Foi assim que, em meados de 1932, o analista e o físico começaram a trocar cartas. Ancorados no respeito mútuo, e para além de suas diferenças, dedicaram-se a pensar quais poderiam ser os motivos que levavam a humanidade a utilizar tanta violência, sem se importar sequer com a perspectiva de sua própria destruição. Essas cartas eram de interesse mundial, por isso foram publicadas em francês, inglês e alemão no ano de 1933 – publicação que o Partido Nacional-Socialista tratou de proibir na Alemanha. Já era de se esperar. Nessa época, Adolf Hitler, o homem que desterraria tanto Freud quanto Einstein, já havia subido ao poder.

Em sua troca epistolar, Einstein e Freud se abstêm de falar de felicidade. Não apostam tão alto, apenas na possibilidade de evitar o horror. O físico não consegue entender a vocação pelo sofrimento que percorre o ser humano e pergunta a Freud se ele acha que há algum caminho para evitar os estragos da guerra.

Cito:

> *É bem sabido que, com o avanço da ciência moderna, este passou a ser não só um assunto de vida ou morte para algumas pessoas, mas também uma verdadeira ameaça para toda a civilização tal como a conhecemos; contudo, apesar do empenho dedicado, toda tentativa de encontrar uma solução acabou em um lamentável fracasso.*

Apesar do desânimo que o percorre, com enorme lucidez Einstein delineia uma intuição:

> *Deve haver algo que escape à boa ou à má prática política. Algo na própria constituição do ser humano [...] No que me diz respeito, o objetivo habitual de meu pensamento não me leva a penetrar as obscuridades da vontade e do sentimento humanos. Assim, pois, na indagação que nos foi proposta, pouco posso fazer além de tentar clarear a questão e, aventando as soluções mais óbvias, permitir que você ilumine o problema com a luz de seu vasto saber acerca da vida pulsional do homem.*

Embora houvesse se recusado a apoiar a candidatura de Freud ao Prêmio Nobel, Albert Einstein aceita a discussão acerca de um tema que desconhece – a vida pulsional do ser humano – e consulta aquele que havia dedicado a vida a esses assuntos. Do que se trata? Em que consiste essa energia psíquica que nos percorre, que foge à comprovação científica, que não pode ser fotografada nem vista no microscópio nem radiografada e, contudo, guia a vida de homens e mulheres? E, em seu desejo de compreender, continua questionando:

> *Como esses procedimentos conseguem despertar nos homens entusiasmo tão selvagem, até levá-los a sacrificar sua vida? Só há uma resposta possível: o homem tem dentro de si um apetite de ódio e destruição.*

Aquele homem, emblema do espírito científico, reconhece o limite da ciência e pede ajuda à psicanálise.

Freud responde com calidez. Com a paciência do mestre diante de um discípulo com dificuldade de compreensão, faz uma viagem pela história da violência para demonstrar que o ser humano foi destrutivo desde que pôs os pés neste mundo. São parágrafos minuciosos que explicam o caminho que vai da "lei da selva" ao surgimento do direito. Freud escreve:

> *Sabemos que esse regime foi se modificando gradualmente no curso do desenvolvimento, e certo caminho levou da violência ao direito. Mas qual foi esse caminho? Apenas um, creio eu. Passando pelo fato de que a força maior de um poderia ser compensada e vencida pela união de vários mais fracos. "L'union fait la force" ("A união faz a força"). A violência (do mais forte) é reduzida, alquebrada e finalmente vencida pela união de vários isoladamente mais fracos, e, então, o poder desses unidos constituirá o direito em oposição à violência do único. Vemos, pois, que o direito não é mais que o poder de uma comunidade.*

Para Freud, o direito, a lei que nos permite viver de um modo mais ou menos organizado, o contrato social sobre o qual Rousseau teorizou, não passa da mesma violência humana posta nas mãos da maioria. Parafraseando Foucault, podemos dizer que o direito é o direito do poder.

Depois dessa explicação, para espanto de Einstein, Freud expôs seu desesperançoso ponto de vista:

> *Parece-nos ter poucas probabilidades de sucesso, ou quiçá ser inútil, o propósito de eliminar as tendências agressivas dos homens [...] O ideal seria, portanto, uma comunidade de homens que tivessem submetido sua vida pulsional e impulsiva aos juízos da razão e seus ditames [...] Mas, uma vez mais, uma tal esperança é, muito provavelmente, uma esperança utópica.*

E prossegue com uma pergunta:

> *Por que nos indignamos e nos sublevamos tanto contra a guerra, você, eu e tantos outros? Por que não a admitimos como mais uma – e não há poucas – das tantas penosas e dolorosas misérias e calamidades da vida?*

Um parágrafo avassalador.

Uma das mentes mais brilhantes da humanidade se pergunta o que nos impede de assumir que não há solução possível para evitar a infelicidade e a destruição que acompanham nossa condição humana.

Porém, não é algo que se dê só no âmbito da sociedade, mas também no mais íntimo de cada um de nós. Sabemos disso porque o experimentamos diariamente. Por que sempre escolhemos mal? Por que ficamos em relacionamentos que não mais desejamos? Por que continuamos com pessoas que nos machucam? Por que boicotamos nossos projetos quando estão quase se concretizando? Por que pomos em risco as coisas que mais nos importam por causa de outras irrelevantes?

Imagino Einstein lendo aquela carta, estupefato, e se perguntando: “Então, não há como evitar o desastre? Sr. Freud, responda: Qual é a maneira de evitar a guerra?”.

"Só uma", poderia responder o psicanalista: "que o ser humano consiga submeter seus impulsos ao domínio da razão. Mas isso não é possível. É só uma quimera".

E talvez para não desanimar totalmente seu jovem amigo, o mestre conclui:

> *Por enquanto, só podemos dizer: tudo que promova o desenvolvimento de uma cultura que não se fundamente na repressão pulsional, e sim em uma educação racional do pulsional, trabalha também contra a guerra.*

Desconfio que Einstein esperava outra coisa. Uma receita para aplicar, uma solução possível, palavras de esperança. Para isso recorreu ao homem que, em sua opinião, mais sabia acerca dos mistérios da psique. Mas esse homem era um psicanalista e não mentiria para ele.

A visão de Freud poderia deixar no ar a ideia errônea de que era uma pessoa pessimista. Não é verdade. Ele apenas se recusava a mentir a si mesmo e aos outros. Mas não nos enganemos. Freud acreditava na vida e, por que não, na possibilidade de alcançar alguma forma de felicidade, desde que se tratasse de uma felicidade baseada na verdade. Assim como André Comte-Sponville, recusava-se a ser feliz se o custo dessa felicidade implicasse abraçar uma mentira.

* * *

Quinze anos antes dessa troca epistolar, Freud caminhava pelo campo com um amigo meio taciturno e poeta, que, embora jovem, já era bastante reconhecido. O lugar, com suas árvores e flores, era lindo. Porém, sempre atento ao estado de ânimo dos outros, Freud compreendeu que o poeta não se sentia bem. Comentou sua percepção e o jovem respondeu que estava preocupado com a ideia de que a paisagem maravilhosa que viam estava fadada a desaparecer...

que no inverno morreria, como toda beleza humana e tudo de lindo e nobre que os homens criaram ou poderiam criar. Tudo isso que, do contrário, teria amado e admirado, parecia-lhe carente de valor devido à transitoriedade a que estava condenado.

O poeta tinha razão. Tudo que amamos morrerá um dia.

Freud, porém, questionou que assim se perdia a beleza da vida só porque era transitória. Mais, afirmou que justamente nisso estava o valor da existência: que não era eterna. E argumentou que não era possível que *a transitoriedade do belo houvesse de nos ofuscar seu regozijo.*

Penso nos metais preciosos cujo valor aumenta quanto mais raros são. Penso no amor. Quão mais intensos se tornam os momentos apaixonados quando compreendemos sua fugacidade. Penso na pandemia. Nessa pandemia terrível que revelou como somos arrogantes, julgando-nos donos do destino, e nos fez tomar consciência de que não temos todo o tempo do mundo para pedir perdão, para dizer "amo você", para realizar nossos sonhos.

Freud se opunha à ideia de que a efemeridade da beleza deveria ofuscar seu regozijo e disse ao poeta:

No que diz respeito à beleza da natureza, após cada destruição pelo inverno ela volta no ano seguinte, e esse retorno pode se definir como eterno em proporção ao lapso de tempo que dura nossa vida. Vemos desaparecer para sempre a beleza do corpo e do rosto humanos dentro de nossa própria vida, mas essa brevidade acrescenta a seus encantos um novo. Se há uma flor que se abre uma única noite, nem por isso sua florescência nos parece menos esplendorosa. E, quanto ao fato de que a beleza e a perfeição da obra de arte e da realização intelectual deveriam se desvalorizar devido à sua limitação temporal, tampouco eu poderia compreendê-lo. Se chegasse um tempo em que as imagens e as estátuas que hoje admiramos fossem destruídas, ou em que fôssemos sucedidos por um gênero humano que não compreendesse mais as obras de nossos artistas e pensadores, ou uma época geológica em que todos os seres vivos cessassem de existir sobre a Terra, o valor de tudo isso que é belo e perfeito estaria determinado unicamente por sua significação para nossa vida sensitiva; não é preciso que a sobreviva e é, portanto, independente da duração absoluta.

Isto é: que importância tem o quanto dure? Hoje está aqui, é beleza presente, impõe-se, e seria absurdo deixá-la passar só porque não é eterna.

Apesar de suas palavras, porém, Freud se deu conta de que não havia conseguido modificar a postura de seu amigo, e intuiu que era possível que o jovem temesse o luto e, por isso, preferisse renunciar à felicidade e ao gozo daquilo que tinha diante da iminência de que um dia pudesse perdê-lo.

Conheço muitas pessoas que sentem o mesmo e fogem das grandes aventuras, como o amor, por medo do fracasso. Homens e mulheres que defendem sua falta de compromisso afetivo amparando-se na alegação de que escolhem a liberdade, mas, na verdade, escondem seu pânico da perda.

É verdade que não há garantias nem certezas nas emoções humanas. Tudo pode se desvanecer no momento menos esperado, e isso provocará dor. Uma dor que aquele que deseje viver com intensidade, e não só passar pela vida, deve estar disposto a enfrentar.

Se pensarmos com atenção, compreenderemos que essa certeza tão ansiada é, na verdade, inimiga da felicidade, porque existe no fugaz um convite ao ardor, a abraçar com desespero o que se tem. Sim, com desespero, ou seja, sem esperança. Como dissemos, a esperança é uma armadilha. É verdade que acalma a angústia que antecipa a possibilidade de uma ausência futura, mas o preço dessa calma é a perda da paixão. Essa paixão que só se experimenta quando se compreende que o momento presente é único.

A conversa entre Freud e o poeta se deu no verão anterior à Primeira Guerra Mundial. Um ano depois, chegou a barbárie e devastou cidades, obras de arte, sonhos e vidas. A pulsão destrutiva da espécie humana deu rédea solta à sua desmesura, destruiu tudo que um dia foi lindo *e mostrou a perecibilidade de muitas coisas que havíamos julgado permanentes.*

Destaco a última reflexão de Freud:

> *Mas aqueles outros bens, agora perdidos, foram se desvalorizando realmente porque demonstraram ser tão perecíveis e frágeis? Entre nós, muitos pensam assim, mas eu, em contrapartida, acho que estão enganados.*

Arthur Schopenhauer não teria concordado com Freud. Segundo ele:

> *a vida tem para cada indivíduo um ensinamento: que os objetos de seu querer são enganosos, desconhecidos e decrépitos e causam mais dores que alegrias até o instante em que a vida desaba no mesmo terreno em que se erguiam esses desejos. E nesse momento vem a morte, como último argumento, acabar de convencer o homem de que todas as suas aspirações e toda sua volição não são mais que erro e loucura.*

Essa, sim, é uma visão pessimista.

Há quem pense que Freud, como Nietzsche ou Borges, foi influenciado por Schopenhauer. Quando lemos que o filósofo afirmava que os sintomas da loucura são fruto de um esquecimento voluntário de algo tão insuportável que a pessoa opta por substituir essas vivências por lembranças falsas, torna-se impossível negar a similaridade com a teoria psicanalítica. Tanto que o próprio Freud confessou que jamais havia lido Schopenhauer até um amigo lhe apontar a proximidade entre suas ideias.

É difícil acreditar que um homem como Freud se absteve de ler o pensador mais valorizado de seu tempo. Ao menos nessa ocasião, no entanto, é evidente que seus olhares são muito distantes.

Freud reconhece no transitório o verdadeiro motivo da beleza e aporta uma ideia que vale a pena considerar: não devemos renunciar à felicidade só porque os momentos que nos comovem, o amor ou a felicidade, estão condenados a passar. Todos nós passaremos. Isso não implica que tenhamos que nos resignar a uma vida obscura e melancólica e a ficar sentados e deprimidos esperando o final inevitável. De jeito nenhum.

A vida não pode ser só a véspera da morte. Ser feliz requer a coragem de reconhecer a transitoriedade de tudo que amamos e encontrar a eternidade. Esse instante em que, como dissemos, aquilo que fomos, que desejamos ser e que somos confluem em um presente único que habitamos aqui e agora.

Este livro se questiona acerca da felicidade.

Eu me antecipo a apontar que só será possível alcançá-la se não exigirmos que dure para sempre. A felicidade, como tudo na vida, há de ser transitória. E não por isso menos intensa.

* * *

Além de algumas digressões, descobrimos duas faces diferentes do pensamento freudiano. Uma delas repreende o jovem poeta para que não perca o gozo da beleza só porque é transitória. A outra enfrenta o cientista mais importante do mundo para lhe aconselhar a perder toda esperança e aceitar que não é possível deter a violência, porque, mesmo que fosse possível reduzir as causas externas que geram conflito, encontraríamos uma verdade inapelável: em cada ser humano habita um afã de destruição inevitável para todo aquele que queira entender o mundo. Os animais não são destrutivos porque não buscam compreender o lugar que habitam, e sim apenas adaptar-se a ele. Já o ser humano investiga e destrói. Assim avança a ciência. Vai em busca de uma ideia, estuda-a, esmiúça-a e, a seguir, deita-a por terra para gerar uma nova.

Como a geometria moderna constrói senão destruindo Euclides e afirmando que ele estava errado, que as paralelas podem, sim, se cruzar em um ponto infinito?

Gaston Bachelard, que, além de filósofo, poeta, físico e crítico literário era um reconhecido epistemologista, afirmava que sempre se conhece contrariando um conhecimento anterior. Chamamos de pulsão epistemofílica esse impulso que nos compele a desfazer o existente para decifrar mistérios. Paixão por saber. E, como toda paixão, desmesurada, destrutiva. Infelizmente, a maioria não consegue desenvolvê-la e utiliza esse impulso para machucar a si ou ao outro.

Imagino Freud interpelando o cientista:

— Albert, quem lhe disse que estamos neste mundo para ser felizes?

Freud é categórico nesse aspecto. Em seu maravilhoso livro *O mal-estar na cultura*, afirma que não há nada no plano do universo que contemple a felicidade humana.

Nesse mesmo livro, ele aponta as três causas principais do sofrimento humano. A primeira é o corpo, fonte de excitação e dor, *fadado à decadência e à dissolução*. A segunda é o mundo externo, que, com sua potência, desata todo tipo de desastres naturais. E a terceira, a relação com outros seres humanos. Segundo Freud, esta última é a que mais sofrimento gera. Basta pensar na guerra, na morte de um ente querido, nas discussões familiares ou no desamor para compreender como o vínculo com as outras pessoas nos afeta. Alguns deles não exigem nem mesmo a presença real da pessoa para nos fazer mal, porque habitam nossas lembranças e são fonte de ansiedade ou angústia.

Dada essa realidade, é compreensível que toda pessoa deseje fugir do sofrimento. Para isso vêm a meu consultório. Porque não suportam a dor, a solidão, a perda ou o vazio que os percorre. Isso não é ruim; é um bom motivo para começar uma análise. A dificuldade é que, parados nesse lugar, os pacientes confundem o fim do sofrimento com a felicidade. Como analista, assumo o compromisso de avançar com eles em busca da diminuição do sofrimento, mas não vou mentir. Não posso lhes garantir que isso trará a tão ansiada felicidade.

A relação entre a psicanálise e a felicidade é, no mínimo, conflituosa. Apesar disso, é preciso não perder de vista o que Freud disse ao poeta: não devemos desistir do prazer da vida só porque ele é perecível.

A abordagem freudiana, embora dura, não implica a renúncia à tentativa de alcançar a felicidade, mas denuncia o erro de ir atrás dela com um olhar ingênuo, com a utopia de sonhar com um mundo onde todos nos amemos, nos respeitemos e convivamos em harmonia. Isso é ficção, o mundo que o filme *Avatar* nos mostra. Um ideal impossível de alcançar no universo dos falantes.

Devemos aceitar que somos percorridos por um impulso destrutivo que não podemos reprimir e será sempre fonte de dor: a pulsão de morte. Freud, no entanto, abre um caminho possível, que é tentar limitar essa pulsão, contê-la como quem acorrenta um animal bravio buscando controlá-lo o melhor possível. Mas é possível conter essas pulsões que nos machucam e nos levam a escolher companheiros que ferem, vínculos agressivos, trabalhos frustrantes e vidas que não desejamos?

Em nossas reflexões apareceu esta palavra: "pulsão". Motor da vida anímica, fonte dos desejos mais nobres e das emoções mais obscuras. Vejamos do que se trata.

2
PULSÃO

Somos humanos porquanto habitamos o universo da linguagem. Um universo que nos precede e nos determina. Antes de nascer, já nos espera um nome que põe em jogo as expectativas que outros, em geral os pais, depositam sobre nós e que terão um papel fundamental em nossa vida. Vozes que se transformarão em normas às quais deveremos obedecer ou enfrentar.

Mal nasce, o bebê é jogado nesse universo simbólico no qual cada palavra só encontra seu valor por oposição a outra. O que significaria "baixo" se não existisse "alto"? "Bom" sem "mau", "direita" sem "esquerda" ou "ontem" sem "amanhã"? O termo "pulsão" indica o traço que distingue os humanos do resto dos seres que habitam a Terra e, como toda palavra, também é definida por oposição a outra: "instinto". Onde está a diferença entre uma e outra? Vejamos como exemplo a sexualidade.

O instinto supõe uma relação natural e permanente entre um animal e seu parceiro sexual, um membro pertencente à mesma espécie, mas de outro gênero. Evidentemente, um cão não se unirá com uma gata ou uma elefanta, mas somente com uma cadela.

O instinto determina uma adequação entre o membro de uma espécie e seu objeto, e isso implica que há um encontro possível. De fato, o animal tem um objeto preciso que se adapta a seu instinto e satisfaz sua necessidade. A pulsão, por outro lado, não responde a uma necessidade biológica e expõe o traço distintivo da sexualidade humana: jamais poderá ser totalmente satisfeita porque não tem um objeto predeterminado, porque aquilo que erotiza um homem ou uma mulher pode ser qualquer coisa.

O fetichismo é a demonstração mais clara de que uma pessoa pode se excitar com um lenço, um par de botas ou um par de olhos pretos. Porque, diferentemente do instinto, o objeto da pulsão difere em cada pessoa, e essa variabilidade dependerá de diversos fatores, por exemplo, a história de vida desse ser.

O instinto não duvida. A pulsão, por outro lado, sempre nos compele ao mistério do erotismo.

É o que representam algumas frases nascidas da teoria psicanalítica que tanto incomodam. Por exemplo, a que afirma que a sexualidade humana é sempre pervertida. É evidente que Freud não queria dizer que todo mundo vai pela vida cometendo aberrações, e sim que, para o falante, não existe um objeto determinado de antemão por meio do qual conseguir a satisfação. O que se perverte é o fim natural.

Da mesma maneira, quando Lacan diz que "não existe relação sexual", não está negando a evidência irrefutável de que os seres humanos fazem sexo. Assim como Freud, aponta que não existe um objeto único que se adapte universalmente ao desejo de todos os homens e mulheres do mundo.

Destaco que não utilizei a palavra "necessidade", e sim "desejo", porque, como vimos, uma vez que somos atravessados pela linguagem, necessidade e instinto estão perdidos para o ser humano.

Em oposição a essa ideia, costumamos esgrimir o instinto materno ou o instinto de conservação. Porém, a realidade demonstra que há mães que abandonam os filhos e pessoas que se matam.

O instinto parte de uma necessidade que impulsiona o animal na busca do objeto adequado que aplaca essa necessidade e consegue o fim ansiado. Na cópula, por exemplo, o fim será a reprodução.

A postura freudiana indica uma ruptura com a necessidade e destaca a ausência de um objeto "natural" que fique adequado a todos os membros de nossa espécie. Ou seja, a perda do instinto e o império da pulsão.

Lacan entra no campo da psicanálise propondo uma releitura dos textos de Freud à luz dos postulados filosóficos de Hegel e de alguns pensadores estruturalistas, em especial Claude Lévi-Strauss, no campo da antropologia, e Ferdinand de Saussure na linguística.

Vejamos do que se trata.

Lévi-Strauss, assim como Lacan, defendia que o sujeito humano é um efeito da cultura. Para explicá-lo, diferencia o natural do cultural, entendendo como naturais todas as condutas de uma espécie que são universais e espontâneas, ou seja, são comportamentos que todos os membros de uma espécie têm, sem exceção, e que são herdados, de modo que não requerem nenhum tipo de aprendizagem. As condutas culturais, por outro lado, não são universais, e sim particulares, isto é, podem diferir de uma comunidade a outra, ou de um membro a outro, e como não são inatas, e sim adquiridas, precisam ser aprendidas. Segundo Lévi-Strauss, não existe nenhuma conduta natural no ser humano, e isso é o mesmo que dizer que não temos instinto, que estamos sob a influência dessa força que nós, analistas, denominamos pulsão.

A pulsão é um conceito limite entre o psíquico e o somático.

Com essa definição, Freud indica que se trata de uma energia que se origina no corpo, nas chamadas zonas erógenas, e dali gera uma tensão que a psique deverá dissipar gerando alguma resposta.

Vamos imaginar que, em uma reunião, cruzemos o olhar com alguém que nos atrai. A partir dessa zona erógena – os olhos – nasce uma excitação que teremos que resolver. Podemos ir até essa pessoa e tentar criar um vínculo, reprimir o desejo ou fugir da situação. Fica claro que a pulsão é um limite entre o corpo e a psique, e tem esta característica dos limites: separam ao mesmo tempo que unem.

Freud a caracterizou como um impulso que tem quatro elementos: a fonte, o fim, o objeto e o esforço.

A fonte é o lugar do corpo onde o estímulo se origina, as zonas erógenas que dão lugar a diversos tipos de pulsões: oral, anal, escópica e invocante. Cada uma delas compromete objetos perdidos diferentes: o seio, as fezes, o olhar e a voz, e agem com total autonomia.

Os dois últimos, acrescentados por Lacan, parecem difíceis de compreender.

Deixemos que o poeta Horacio Ferrer nos ajude.

Em "Balada para un loco", a personagem diz:

Las tardecitas de Buenos Aires tienen ese no sé qué,
¿viste?
Salís de tu casa, por Arenales.
Lo de siempre: en la calle y en vos...
Cuando de repente, de atrás de un árbol,
me aparezco yo.

Mezcla rara de penúltimo linyera y de primer
polizonte a Venus:
medio melón en la cabeza, las rayas de la camisa
pintadas en la piel,
dos medias suelas clavadas en los pies y una
banderita de taxi libre
levantada en cada mano.

¡Te reís!...
Pero sólo vos me ves: porque los maniquíes me guiñan;
los semáforos me dan tres luces celestes,
y las naranjas del frutero de la esquina me tiran azahares.[10]

10 "As tardinhas de Buenos Aires têm esse sei lá o quê,/ viu?/ Você sai de casa pela Arenales./ O de sempre: na rua e em você.../ Quando, de repente, de trás de uma árvore,/ apareço eu.// Mescla estranha de penúltimo vagabundo e de primeiro/ policial a Vênus:/ meio melão na cabeça, as listras da camisa/ pintadas na pele,/ duas meias-solas pregadas nos pés e uma/ bandeirinha de táxi livre/ levantada em cada mão.// Você ri!.../ Mas só você me vê: porque os manequins piscam para mim;/ os semáforos me dão três luzes azuis-claras,/ e as laranjas da quitanda da esquina me jogam flores de laranjeira."

Embora a canção fale justamente de um "louco", alguém cuja estrutura psíquica gera alucinações e delírios, esses fenômenos psíquicos nos permitem entender como essas zonas erógenas funcionam. Em geral, a desmesura patológica expõe com clareza o que permanece velado na sanidade.

E o que diz o louco alegre de nossa balada?

Que os manequins piscam para ele e os semáforos lhe dão três luzes azuis-claras. Aí, nessas piscadas, nessas luzes está o olhar como objeto pulsional. Algo extímio. Ou seja, algo que ao mesmo tempo é e não é parte do sujeito.

E a voz?

Pouco mais à frente, encontramos estes versos.

> *Salgamos a volar, querida mía;*
> *subite a mi ilusión super-sport,*
> *y vamos a correr por las cornisas*
> *¡con una golondrina en el motor!*
> *De Vieytes nos aplauden: "¡Viva! ¡Viva!"*
> *los locos que inventaron el Amor:*
> *y un ángel y un soldado y una niña*
> *nos dan un valsecito bailador.*[11]

Aí está a voz.

Nos gritos daqueles que na Vieytes (antigo nome da rua Ramón Carrillo, onde fica o hospital psiquiátrico José Tiburcio Borda) aplaudem e gritam: "Viva! Os loucos que inventaram o amor". Também na valsa que um anjo, um soldado e uma menina lhes dedicam. Uma valsa que a personagem escuta.

Mas esses fenômenos não aparecem só nas doenças psíquicas extremas. Quem nunca ouviu barulhos na casa ou teve a sensação

11 "Vamos voar, minha querida;/ suba no meu sonho tipo superesportivo e vamos correr pelas cornijas/ com uma andorinha no motor!/ Na Vieytes nos aplaudem: "Viva! Viva!"/ os loucos que inventaram o Amor:/ e um anjo e um soldado e uma menina/ nos presenteiam com uma valsinha."

de escutar alguém chamando? Quem nunca achou que alguém o estava olhando?

Vamos pensar nas primeiras saídas depois do isolamento ao qual a pandemia nos submeteu. Caminhadas nas quais nosso quarteirão parecia diferente e olhávamos janelas e varandas pensando que alguém poderia estar nos observando. Assim, de maneira autônoma, as pulsões nos avassalam, e sob o domínio das zonas erógenas elas serão sempre parciais. Por isso a sexualidade humana é tão caótica e não pode se organizar em torno a uma só parte do corpo e não tem um fim predeterminado. Podemos nos beijar e obter um enorme prazer sem precisar passar disso. O beijo, o olhar ou as carícias encontram seu próprio gozo e não buscam necessariamente a concreção do coito. E já sabemos de sobra que menos ainda o coito busca a procriação. Ou seja, embora a pulsão tenha um fim, não é dado pela biologia. O fim é a satisfação, algo que, como apontamos, nunca poderá ser totalmente alcançado. Não importa quanto alguém curta um encontro sexual, sempre restará uma insatisfação, uma ansiedade que não pôde ser resolvida por completo. Por isso continua havendo tensão psíquica, e essa tensão define nossa condição de sujeitos desejantes. Sempre vamos querer algo mais.

Dissemos que o objeto é bastante variável.

Diferentemente de outras espécies, e longe do que se poderia considerar "natural", o objeto erótico de um homem nem sempre é uma mulher e o de uma mulher nem sempre é um homem. É quase uma obviedade dizer isso aqui e agora, em tempos de luta pela igualdade de direitos que reconhece as diversas formas de amar. Mas quando Freud propôs a ideia, no fim do século XIX, isso era uma transgressão. A psicanálise foi subversiva e continua sendo, por isso foi difamada tanto pelas religiões como pelos poderes dominantes, em geral defensores do *status quo*.

Não foi fácil enfrentar as ideias extremas que queriam restringir o ser humano a um plano natural e demonizar todo aquele que não se encaixasse nele. Ainda hoje, em muitos lugares do mundo, continua sendo uma tarefa complicada. Não podemos esquecer que, até o começo da primeira década do século XXI, em alguns estados conservadores dos Estados Unidos a homossexualidade era considerada um delito.

Se pensarmos nisso, reconheceremos a revolução ideológica gerada pela psicanálise.

Claro, todo pensador é atravessado por sua época. Freud não foi exceção, e é compreensível que hoje questionemos algumas definições suas. Ele mesmo o teria feito se vivesse nestes tempos.

Agora, vamos falar do quarto elemento da pulsão.

Os seres humanos devem enfrentar dois tipos de fontes de excitação. Uma é de origem externa e, portanto, é possível fugir dela. Podemos terminar uma relação que nos angustia, renunciar a trabalhar com um chefe que nos maltrata, correr de um animal que nos ameaça ou abandonar uma carreira que nos frustra. A outra fonte de excitação é interna, pulsional. Dela é impossível fugir, e temos que nos esforçar para resolver a ansiedade que ela gera. Esse esforço constante que a pulsão suscita denomina-se peremptoriedade.

Como dissemos, a pulsão nasce no corpo e impacta a psique, onde gera uma tensão que nunca desaparece. E temos que lutar com isso. Isto é o que somos: seres percorridos por uma energia que permanentemente nos impõe um esforço psíquico e físico para encontrar um pouco de tranquilidade. É um trabalho extenuante. É difícil encontrar a paz. Por isso, não é de se estranhar que muitas pessoas pensem que felicidade e paz são sinônimos.

Porém, sabemos que esse estado de calma tão ansiado não pode ser sustentado por muito tempo. Nem bem alcançamos repouso, aparece um novo estímulo que o perturba. Somos seres em eterna luta. Nosso corpo, nossa história, as relações com os outros e as exigências da época que nos cabe habitar geram desafios constantes. E, mesmo assim, apesar desse cenário de eterno conflito, continuamos lutando para alcançar a felicidade.

* * *

Surgiu outra palavra-chave: conflito.

A psicanálise se move em um mundo de conflitos: conflito entre o que se quer e o que se deve, entre o consciente e o inconsciente, entre a realidade psíquica e a realidade objetiva.

Vejamos um exemplo.

A pessoa que amamos nos abandona e imediatamente nossas contradições entram em movimento. Uma parte de nós tenta aceitar o que a realidade mostra: a pessoa foi embora e não nos quer em sua vida. Mas outra parte quer negar essa evidência e se agarra ao desejo de continuar com a pessoa amada. Então, começa dentro de nós uma batalha que gera reprovações, culpa, raiva, angústia, medo e esperança, tudo ao mesmo tempo. Emoções emaranhadas que nos levam da dor à ilusão, da ilusão ao desengano.

O conceito de pulsão não foge ao conflito.

Dentro de cada um de nós enfrentam-se diariamente duas forças que travam uma luta permanente da qual depende nossa saúde psíquica: a "pulsão de vida" e a "pulsão de morte".

Quem viu *Star Wars* sabe do que estou falando. A saga gira em torno da batalha entre "A força" e "O lado sombrio da força". De um lado o amor, o impulso construtivo; do outro o ódio, a busca do domínio e da destruição.

Somos como essas galáxias, e em nosso interior essas forças lutam para ver qual se apoderará de nós.

A pulsão de vida nos empurra ao encontro com os outros, à perseguição de nossos desejos, à possibilidade de construir um vínculo de amor. Trata-se de uma energia que une, cria e constrói. A pulsão de morte, em contrapartida, nos empurra a um mundo desolado. Um mundo em ruínas.

Lembro uma cena do filme *O pianista*, de Roman Polanski. Um filme baseado em fatos reais que conta a tragédia que o pianista Wladyslaw Szpilman teve que viver com a chegada do nazismo.

Szpilman era de origem judia e trabalhava na rádio de Varsóvia quando a Alemanha invadiu a Polônia. Foi quando começou seu inferno. Ele teve que colocar no braço a faixa que o identificava como membro da comunidade judaica e foi obrigado a se mudar para o gueto de Varsóvia, onde teve que enfrentar a fome, a injustiça, as torturas e humilhações que os nazistas lhes impunham.

Tentando escapar do horror, Szpilman se refugia em um edifício abandonado. Fraturado animicamente pela perda de seus entes queridos, pelos maus-tratos a que havia sido submetido e quase morto de inanição, encontra umas latas de comida que nem sequer consegue abrir e sobrevive como pode. Até que é descoberto por um oficial alemão, o capitão Wilm Hosenfeld. Ao vê-lo, o nazista compreende imediatamente que está diante de um judeu. A morte de Szpilman é certa. Mas, para sua surpresa, o alemão lhe pergunta sua profissão e ele responde que é pianista. Então, Hosenfeld o leva até um piano em ruínas que há ali e lhe ordena que toque algo para ele. Depois de tanto tempo sem fazer música, aquele homem que parecia um despojo senta-se diante do instrumento desafinado e toca a Balada nº 1 em sol menor de Chopin.

Essa é a cena que quero ressaltar. Uma cena magistral.

José Pablo Feinmann viu nessa cena a resposta a uma questão filosófica. De minha parte, encontro um exemplo maravilhoso para entender a guerra pulsional.

Voltemos àquele encontro.

Ali estão aqueles homens, fisicamente juntos, mas ideologicamente distantes. Confrontados, a vítima e o verdugo, o músico e o militar, a arte e a barbárie, o amor e o ódio, a pulsão de vida e a pulsão de morte. E, em um instante, algo ocorre. Dentro do genocida começa a ser travada a luta entre essas duas forças. Podemos perceber isso. Vemos isso em seus olhos, no olhar que passa da indiferença à emoção à medida que as notas que escuta comovem algo dentro dele. É clara a batalha que está sendo travada entre sua pulsão de vida e sua pulsão de morte. Uma quer matar aquele judeu maltrapilho, a outra agradece ao artista genial por aquele instante divino no meio do inferno. Por fim, o nazista lhe poupa a vida. Não só não o delata como também o ajuda a permanecer oculto e de vez em quando leva comida ao esconderijo para que não morra. Em troca, Szpilman toca piano para ele durante esses encontros.

Diante da rendição iminente, quando os alemães se veem forçados a abandonar Varsóvia, Hosenfeld vai se despedir do pianista. Deixa com ele seu casaco para que se proteja do frio e a promessa de que o escutará quando voltar a tocar na rádio polonesa.

Os nazistas vão embora. Szpilman abandona seu refúgio e se encontra outra vez cara a cara com a pulsão de morte. Varsóvia, sua amada cidade, não passa de uma soma de escombros e cadáveres. O lado sombrio da força parece ter triunfado. Porém, no fim do filme, somos informados de que aquele oficial nazista morreu em 1952 em um campo de prisioneiros de guerra soviético. Já o pianista sobreviveu, continuou oferecendo seu talento e faleceu no ano 2000.

Aquela cena em que o nazista e o judeu se encontram sempre me impacta. Um tem um revólver; o outro, um piano. E, no meio do horror, pulsão de vida e pulsão de morte se entrelaçam de uma maneira única, como sempre. Porque, embora em proporções diferentes, essas pulsões estão sempre fundidas. Como nos círculos que representam o yin e o yang, as pulsões nunca se manifestam em estado puro. Em cada ato de vida haverá um halo de morte, e no ato mais feroz poderemos encontrar um resto de erotismo.

Somos o continente de uma luta constante. Uma guerra que terá muito a ver com nossa possibilidade de ser felizes.

* * *

Em um primeiro olhar, sentimo-nos tentados a pensar que a pulsão de morte é sempre algo ruim e, em contrapartida, a pulsão de vida é sempre boa. Trata-se de um olhar ingênuo. Na psicanálise, nada é tão categórico como parece.

Lacan nos desconcerta e diz que o ser humano só vive porque "goza", ou seja, nesse sofrimento inerente à espécie humana há algo que justifica a vida. Falaremos mais à frente desse termo, gozo, e de sua importância teórica.

Como dissemos, a pulsão de morte é fundamental para o avanço da humanidade porque está na origem da ciência, no que chamamos de "pulsão epistemofílica".

Pensemos em Einstein.

Era um pacifista. Ignorava que estava gerando um conhecimento que levaria à aniquilação e à morte. Não imaginava Hiroshima e Nagasaki. Não sabia como suas descobertas seriam utilizadas. Às vezes, até as invenções mais brilhantes caem nas mãos da pulsão de morte. A famosa frase que afirma que o caminho do inferno está cheio de boas intenções se aplica a esses casos.

Albert Einstein amava a paz e nunca participou do "Projeto Manhattan", aquele grupo de cientistas responsáveis por desenvolver a bomba atômica. Mesmo assim, sua teoria do átomo foi determinante para a construção da arma que matou milhares de pessoas. Por isso, ao ver o horror causado por aquelas bombas, confessou: *Eu me arrependo demais [...] acho que foi uma grande desgraça.*

Segundo a visão mitológica, assim como Jeová, Prometeu criou os seres humanos com barro. Mais tarde, enganou os deuses e roubou o fogo sagrado do Olimpo para dá-lo a suas criaturas. O fogo sagrado representa a vida e o conhecimento. Mary Shelley imaginou algo parecido quando escreveu seu maravilhoso romance *Frankenstein ou o Prometeu moderno*. Shelley construiu um gênio que, em sua obsessão por criar vida, acaba causando sofrimento, angústia, rejeição e dor. Algo que não ocorre só nos mitos ou na ficção.

Quantas vezes, por trás do mandamento bem-intencionado de um pai, se esconde o germe da infelicidade de seu filho?

Disfarces da pulsão de morte. Disfarces que às vezes assumem a forma de um excesso de controle que simula cuidado, do ciúme que se finge de amor, ou da conduta possessiva que se mostra como atos de proteção.

A pulsão de morte é enganosa e subjaz em muitos gestos que aparentam ser generosos.

Imagino que Freud deve ter percebido que o brilhante Albert Einstein – assim como o doutor Victor Frankenstein – estava flertando com algo difícil de manejar, que, tendo em conta as forças sombrias que habitam a espécie humana, poderia se tornar muito perigoso.

* * *

Meu sogro era um homem que evitava o tema morte. Porém, quando as dores físicas e psíquicas de sua doença o encurralaram, ele disse basta.

Conversamos sobre o assunto. Éramos amigos. Ele me pediu perdão, eu perguntei por quê. Sua resposta me impactou: *porque tenho que ir.*

Foi um momento precioso. Como ele mesmo descreveu, *horrível, mas lindo.* Uma experiência tão intensa, tão profunda, que eu mentiria se não reconhecesse que, naquele instante final, éramos percorridos pela vida e pelo amor da amizade.

Conversamos, rimos, estreitamo-nos as mãos com força. Ele me deu algumas instruções, sorriu, eu lhe dei um beijo e nos despedimos. Estava lúcido, quase feliz, apesar de muito triste. No dia seguinte, morreu.

Senti orgulho de sua forma de morrer. Não pude evitar recordar o final da vida de Freud.

Como é sabido, Sigmund Freud tinha um câncer de boca. Seu melhor amigo, o cigarro, seria o causador de seu doloroso final. Certas relações de amor têm um preço muito alto. Um preço que talvez não devêssemos pagar. Relações nas quais a pulsão de morte vence a pulsão de vida, torna-se desmesurada e gera o custo de um sofrimento desnecessário. Para evitar isso, é indispensável romper certos vínculos "amados".

Não são todos os amores que merecem ser vividos.

Recusando-se a tomar analgésicos para não perder a lucidez, Freud sofreu dores absurdas. Dores que ele decidiria até quando suportar. Assim combinou com o doutor Max Schur, um médico austríaco que lhe havia sido recomendado por sua amiga Marie Bonaparte.

Como já contamos outras vezes, uma tarde, ele pegou em sua biblioteca *A pele de onagro*, de Balzac, e decidiu que seria o último livro que leria. Dias depois, ao concluir a leitura, mandou chamar o médico e, olhando-o nos olhos, disse:

> *Certamente você se recorda de nossa conversa, quando prometeu não me abandonar quando chegasse a hora. Agora só resta a tortura, que já não tem sentido.*

Schur, que também era psicanalista, fiel ao acordo que haviam selado anos antes, aplicou-lhe cloridrato de morfina. Duas doses. Freud morreu às três da manhã do dia seguinte. Segundo seu amigo e biógrafo Ernest Jones: *nenhum homem amou tanto a vida e temeu menos a morte.*

Assunto polêmico.

Morrer com dignidade é respeitar o valor da vida ou entregar-se, resignado, à pulsão de morte?

Em um de seus aspectos, a série *Shtisel* apresenta o seguinte conflito: uma mulher grávida, desejando seu filho e apaixonada por seu companheiro, é advertida de que não suportará o parto. Devido a uma patologia, morrerá se tiver esse filho. Mesmo assim, ela prossegue com a gravidez. Decide parir. Dar vida e morrer: pulsão de vida ou pulsão de morte?

Nem sempre as coisas são tão claras.

Só direi que, ao nos despedirmos, vi nos olhos de meu sogro, meu amigo, uma centelha de felicidade.

* * *

Há fatos pontuais que nos colocam diante de um verdadeiro conflito hegeliano.

Hegel afirmava que só se pode considerar humano quem for capaz de arriscar a vida por algo que não tenha nenhum valor para a continuidade da existência biológica.

Um leão só enfrenta outro leão ou um elefante quando sua vida está em risco, quando tem que reafirmar seu lugar na manada ou quando está com fome. Um animal compromete sua vida exclusivamente para não morrer.

Hegel dirá que o ser humano é diferente. Um ser humano deve ser capaz de arriscar sua vida para defender coisas de que não precisa para subsistir: a liberdade, a honra ou uma pessoa amada.

É o que nos diferencia: a capacidade de nos expormos ao risco por algo que, em termos naturais, não tem nenhuma importância. Isso ocorre porque não somos movidos pelo instinto de preservação, e sim por uma complicada trama pulsional.

Recordemos a icônica imagem daquele homem parado na frente dos tanques tentando impedir que avançassem. Poderíamos dizer que o que realmente tentava deter era o avanço da pulsão de morte.

Há algo nesse gesto heroico que tem a ver com a relevância, com o desejo de reconhecimento, com o valor da liberdade, ou seja, com a pulsão de vida. Apesar de sua atitude ter flertado bem de perto com a morte.

Já dissemos: não é possível separar essas pulsões completamente. Já sabemos, estão em nossa origem. Na ambivalência de amor e ódio que temos por nossos pais.

Vejamos as duas posturas assumidas por Freud.

Insta Einstein a considerar a pulsão de morte e convida o poeta a abraçar a pulsão de vida. Um olhar parece pessimista e o outro vagamente otimista. Na verdade, nem uma coisa nem outra. Pessimismo e otimismo são duas faces de um erro. Pensar que nada vai dar certo é tão errôneo quanto acreditar que tudo sempre vai dar certo. Pelo contrário, Freud age com realismo, tendo em conta a dualidade pulsional e reconhecendo que somos seres em conflito permanente. Nossa psique não é uma unidade. Não somos "indivíduos" (indivisos); pelo contrário, somos sujeitos cindidos e ambivalentes, e o que é prazeroso para uma parte de nós é doloroso para outra. O que satisfaz a pulsão de morte machuca nossos aspectos mais saudáveis. E a pulsão de morte sempre exige seu pagamento.

Por isso é tão difícil ser feliz.

3
NEM TODOS OS AMIGOS VALEM A PENA

Quando dei meus primeiros passos no estudo da música, uma coisa me foi difícil de compreender. Por que, quando colocava o dedo na segunda corda do violão, no segundo trasto, às vezes a professora dizia que eu estava tocando um Dó sustenido e outras um Ré bemol? Era o mesmo instrumento, a mesma corda e inclusive o mesmo dedo. Então, onde estava a diferença?

Com o tempo, aprendi que se tratava de uma “enarmonia”, ou seja, duas notas que têm o mesmo som, mas nomes diferentes. Só anos mais tarde, estudando harmonia e composição, compreendi por que essas duas notas, apesar de ter o mesmo som, tinham nomes diferentes.

As coisas são enganosas, e não só na música. Muitas vezes, na vida, acreditamos estar diante de um Dó sustenido quando, na verdade, estamos diante de um Ré bemol. Porque somos humanos. Os animais não têm esse tipo de confusão; nós, sim. Porque habitamos o mundo da linguagem, e para o ser que fala nada é natural, e até o simples fica confuso.

Com as palavras acontece o mesmo que com as notas musicais. Julgamos compreender o que escutamos, quando o que nos está sendo dito é algo completamente diferente.

Existe uma expressão para se referir a isso: “falsos amigos”.

Um termo utilizado para aludir a palavras que pertencem a idiomas diferentes que, por sua semelhança sonora ou de escrita, podem gerar confusões. Como a enarmonia. Têm som parecido, mas aludem a coisas diferentes.

Por exemplo, a palavra alemã *bote* não remete a um tipo de barco, e sim a um mensageiro. Em italiano, *ciao* também significa olá, mas nos remete só a tchau; e *guardare* não é guardar, e sim olhar.

Mas não é preciso sair do próprio idioma para encontrar essas confusões. "Pródigo" e "prodígio" se parecem tanto que, muitas vezes, escutamos pessoas se referindo ao "filho pródigo" querendo destacar que se trata do melhor, do mais virtuoso, mas, na verdade, a parábola bíblica remete ao filho que caiu na prodigalidade, ou seja, que esbanjou seu dinheiro e seus bens de maneira irresponsável.

Por pertencer ao marco da psicanálise, este livro está cheio de "falsos amigos". Palavras que, dado o sentido que têm no uso cotidiano, o leitor pode interpretar de maneira equivocada: melancolia, gozo, masculino e feminino.

Para reduzir o mal-entendido – coisa impossível de eliminar por completo –, conforme forem aparecendo denunciaremos esses falsos amigos que podem complicar o caminho.

Vamos começar com uma palavra que, do ponto de vista teórico, tem um sentido muito diferente do que lhe damos em seu emprego habitual.

Gozo

Ezequiel é gerente de um banco. Todas as manhãs toma banho, põe um terno, uma gravata, perfume, e vai para o trabalho. É uma pessoa agradável e reconhecida por suas conquistas. Mas, às sextas-feiras, ao chegar à sua casa depois de uma semana de trabalho, guarda o terno, põe o mesmo pijama de sempre e se transforma.

O gerente gentil e elegante vira um homem desarrumado e depressivo que não toma banho nem faz a barba, e cuja única atividade de fim de semana é comer porcaria, fumar e beber compulsivamente, até ficar em um estado lamentável. Até que chega a segunda-feira e o ciclo recomeça.

Marisa é médica e dirige seu departamento em um hospital da província de Buenos Aires. Tem 46 anos e está separada há três. No momento da separação, tomou a decisão de guardar todas as mensagens que tinha de seu ex-marido, imprimir as fotos em que estavam juntos e todos os e-mails que ele lhe havia escrito desde o dia em que se conheceram. Encadernou todo esse material e montou um livro que conta, passo a passo, sua história de amor. Um livro que ela abre quase diariamente enquanto escuta as mensagens e chora pela perda de sua ilusão.

Todas as quintas-feiras à tarde, Anabela vai de sua casa em Saavedra até o cemitério de Villegas, em La Matanza. São vários ônibus e mais de duas horas de viagem. Ao chegar, na mesma barraquinha compra as mesmas flores: um buquê de sempre-vivas. A seguir, caminha entre os túmulos os quase mil metros que a separam do pavilhão onde se encontra o corpo de sua mãe. Uma vez ali, cumpre o ritual de toda semana: joga fora as flores velhas, lava o vaso em uma torneira próxima e coloca o buquê novo. Com um pano, limpa as quatro placas de bronze que mandou colocar, uma em memória de cada aniversário de morte. Quando termina, senta-se no chão, com as costas apoiadas no nicho que contém os restos de sua mãe. Às vezes chora, às vezes não. E durante horas fica ali, imóvel, recordando o dia em que a mãe morreu em um acidente de carro quando estava indo cuidar da filha de Anabela.

Esses relatos clínicos, retalhos de história de alguns pacientes meus, podem nos dar uma compreensão acerca de a que nos referimos quando falamos de gozo.

O consumo compulsivo de Ezequiel, a melancolia de Marisa ou a culpa de Anabela expõem o que acontece quando surge o gozo, esse prazer na dor que busca satisfazer as exigências da pulsão de morte.

Mas nem sempre os sintomas são tão extremos.

O gozo também percorre a pessoa que permanece em uma relação na qual não é feliz, o homem que não consegue controlar os pensamentos que o atormentam, a jovem que estuda algo que não quer só para satisfazer seus pais, quem repete escolhas que fazem mal ou a pessoa que, por medo ou vergonha, se priva de fazer o que deseja.

Em meus livros anteriores, também fiz referência ao gozo. Não é possível evitar o tema quando falamos de psicanálise. Junto com as noções de Inconsciente e pulsão, é um dos pilares teóricos que nos diferencia de outras modalidades terapêuticas.

Os analistas não visam fortalecer a personalidade do paciente nem intervêm demais no interior de seus sistemas familiares; não realizam constelações nem recorrem à hipnose ou aos encontros catárticos. Os analistas esperam a aparição do Inconsciente e leem nas palavras e atos dos pacientes de que maneira suas pulsões se manifestam, para compreender como gozam. Porque toda pessoa é definida por sua maneira de gozar. Recordemos que Lacan afirmava que o ser humano vive porque goza. É uma consequência inevitável do falante. Todos gozamos. Então, vamos esclarecer o que é gozo.

Retomemos a ideia de que toda palavra encontra seu sentido por oposição a outra e digamos que a palavra que se opõe a gozo é prazer.

Longe da concepção habitual que as considera sinônimos, gozo e prazer se excluem. O gozo não dá prazer, ao contrário: o gozo se regozija na dor.

A psique recebe estímulos permanentes, alguns externos, outros gerados dentro de nós. Ao falar de pulsão, dissemos que dos primeiros podemos fugir; mas, por outro lado, não podemos escapar dos estímulos internos. Tanto uns quanto outros produzem uma tensão que, se não for resolvida, aumentará a cada novo estímulo. Inclusive os que geram nossos próprios pensamentos quando ficamos presos em alguma questão que não conseguimos resolver. Pensamentos que não nos deixam dormir e invadem nossas atividades durante o tempo de vigília.

Já explicamos como a psique tenta descarregar esse excesso de tensão para mantê-la em um nível suportável. Esse mecanismo é denominado "princípio do prazer". O que esse princípio pretende?

Pôr um ponto-final. Dizer: daqui não passa. Ou seja, é uma barreira que limita o prazer. Porque, para o falante, mais prazer não é prazer, é gozo. É dor. É destruição.

Por que denominamos "princípio do prazer" à pretensão de encontrar um equilíbrio tensional (homeostase)? Porque o prazer é o resultado que se obtém quando o aparato psíquico consegue reduzir o excesso de tensão gerado pelos estímulos.

Vamos imaginar uma cena.

Duas pessoas se encontram. Seduzem-se, beijam-se e se acariciam. Em suas zonas erógenas nasce um estímulo que impacta a psique e começa a tensioná-la. O casal prossegue. Despem-se e continuam com as preliminares. Chega o sexo oral e a penetração. Troca de posições e movimentos que se intensificam. Mais e mais tensão. Até que a psique não aguenta mais e demanda uma descarga: o orgasmo. Uma experiência que, embora pareça estranho, tem algo de desprazer.

É compreensível.

Afinal de contas, nasce em um ponto de máxima tensão. Basta olhar a cara dos amantes, a compulsão dos corpos, as mãos que apertam, os dentes que mordem, a respiração que se agita e os sons que expõem essa parcela de dor que os percorre. Até que, por fim, dá-se o alívio. O orgasmo chega, a tensão se reduz, os amantes relaxam e, aos poucos, recuperam o ritmo cardíaco e o equilíbrio.

Onde está o gozo nessa experiência? Na máxima tensão. E o prazer? Na descarga. Uma descarga indispensável para recuperar um estado de relaxamento. Por isso, as pessoas que sofrem de anorgasmia ou impotência costumam chorar, sentir raiva ou brigar depois do ato sexual. Porque, de algum modo, precisam liberar essa tensão acumulada que gera um desprazer que a psique não pode suportar.

O gozo aparece quando a excitação psíquica aumenta além do suportável. O prazer surge quando diminui. O prazer tem um limite, o gozo é desmesurado. A desmesura que fere os fins de semana de Ezequiel, as noites de sofrimento de Marisa e as quintas-feiras mortíferas de Anabela.

Vamos dar um passo além e dizer que não só fere como também adoece. Assim como também nos adoece esta cultura do consumo desmedido que nos impulsiona a "tentar conquistar tudo", a ter tudo, negando que tudo não é possível. Porque não só habitamos a era da tecnologia, do celular e das redes sociais como também a época da desmesura. Uma época perversa que impõe preceitos que não podem ser cumpridos sem que se pague o preço do sofrimento. Voltaremos com mais ênfase a este assunto para pensar o imperativo do deleite, palavra perigosa tão em moda nestes tempos.

Como vemos, longe de ser sinônimos, prazer e gozo se excluem. São conceitos irreconciliáveis. Onde há prazer não há gozo. Onde há gozo não há prazer. Então, por que a palavra "gozo" está tão associada ao prazer? Não é estranho que isso aconteça. Acaso alguém pode negar que, nessa tensão extrema, os amantes estão em deleite, curtindo, desfrutando, às vezes tanto que fazem todo o possível para retardar o orgasmo? Essa experiência tão poderosa parece derrubar nossa hipótese de que a psique deseja reduzir a ansiedade o quanto antes.

Acontece que no gozo também se encontra um deleite. Trata-se de uma experiência com duas faces. É tanto agrado quanto sofrimento. Como é possível isso? Como se pode encontrar deleite na dor?

Ao falar de pulsão, apontamos que um de seus elementos era o fim: a satisfação. Além disso, diferenciamos a dualidade pulsional: pulsão de vida/pulsão de morte. Agora, podemos avançar e dizer que o prazer é o ponto em que se satisfaz um pouco da pulsão de vida e o gozo é o momento em que a pulsão de morte encontra um pouco de satisfação. Por que um pouco? Porque tudo não é possível. Como já adiantamos, a pulsão jamais se satisfaz por completo. Pelo menos quase nunca, felizmente.

Há uma experiência limite, porém, na qual a pulsão de morte se satisfaz por completo: o suicídio. Porque enquanto o "princípio do prazer", ligado à pulsão de vida, busca manter um nível de tensão suportável, o "princípio do Nirvana", do lado da pulsão de morte, busca reduzir essa tensão a zero. Ou seja: a morte.

* * *

O filme *A baleia* conta a história de Charlie, um professor de literatura inglesa que se separou da mulher e se distanciou da filha ao se apaixonar por um aluno, com quem ficou até este morrer. A partir desse momento, consciente ou inconscientemente, Charlie decide se suicidar. Nem sempre o suicídio se produz aqui e agora. Há pessoas que vão se soltando da vida aos poucos. Matam-se permanecendo em um vínculo que as destrói dia a dia ou entregando-se a um vício que as acabará matando. Nesse caso, o protagonista, como meu paciente Ezequiel, usa a comida para isso. Entrega-se a ingestas desmesuradas e com elas satisfaz essa pulsão de morte, à qual se rendeu para sempre.

No filme, podemos reconhecer as duas faces do gozo ao ver como Charlie se deleita nesse momento em que se destrói. Como empurra os pedaços de pizza para dentro da boca e bebe sem limites.

Mais um detalhe.

Um célebre aforismo de Lacan afirma que *o desejo é o desejo do outro*. Ou seja, desde o começo, desde a própria definição, o desejo implica o outro. Há sempre outro que acompanha o desejante, mesmo que esse outro, muitas vezes, habite apenas sua fantasia. Por outro lado, o gozo não é do outro, é próprio. Para dizer com toda a propriedade: o gozo é o gozo do corpo. O sujeito deseja, mas só o corpo pode gozar. O desejo nos põe em contato com os outros e faz vínculos sociais. O gozo, por outro lado, nos isola. Alguém que deseja se perfuma, troca de roupa, chama um amigo ou um casal e sai para comer ou dançar. Por outro lado, quem está no fundo da depressão fecha todas as cortinas, apaga as luzes e se recusa a atender ao telefone. Isola-se, porque seu gozo é exclusivamente seu e não pode compartilhá-lo.

Isso também se vê no filme.

Charlie dá aulas de literatura pela internet. É seu momento de estar com os outros, de compartilhar seu conhecimento, de ensinar o que sabe: é um momento em que pode estar em contato com o desejo. Fala com seus alunos, corrige-os, faz brincadeiras. Porém, para que não o vejam, ele mente, diz que a câmera de seu computador está quebrada. O que ele consegue com esse recurso? Esconder seu gozo, porque isso é algo que diz respeito somente a ele e ao seu corpo.

O gozo nos leva a sair em busca de dores que aparentemente não têm sentido. Mas agora sabemos que existe um motivo: satisfazer a pulsão de morte. E essas dores não acabarão sem o esforço de renunciar a essa satisfação patológica. Mas não sejamos ingênuos: não é um mero exercício da vontade. Para conseguir essa renúncia, é preciso enfrentar a história e visitar os lugares mais sombrios, onde jaz a razão de nossos traumas.

Na tentativa de transmitir um conceito tão complexo, estou deixando de lado algo que é crucial para a psicanálise: não existe só um tipo de gozo. Por isso, não deveríamos falar de gozo, e sim de "gozos" (gozo do Outro, gozo fálico, objeto "a"), mas, neste livro, só pretendo deixar clara a ideia dessa oposição entre prazer e gozo. Prazer que é obtido, por exemplo, quando conseguimos o que desejamos – mas, como já esclarecemos, o desejo nunca é alcançado por completo. Prazer que, como já veremos, se move no mundo da linguagem. O gozo não. O gozo espreita em silêncio. Na busca incessante de que o desejo seja satisfeito em sua totalidade, que a tensão desapareça por inteiro e não reste nada pelo qual valha a pena continuar vivendo.

Trauma

Para compreender do que estamos falando quando nos referimos a um trauma, temos que diferenciar angústia, dor e horror.

A angústia (ao menos em uma de suas versões, chamada "angústia sinal") é uma emoção antecipatória. Um sentimento que gera sensações desagradáveis, mas que surge com um propósito. A angústia sinal avisa nossa psique que precisa estar alerta e preparar os mecanismos de defesa porque está prestes a receber um golpe emocional.

Imaginemos que alguém esteja trabalhando e receba uma ligação: tem que ir com urgência à unidade de terapia intensiva de um hospital. Essa pessoa vai se angustiar. Mesmo sem saber o que aconteceu, já registrou o estímulo e ficou tensa. A psique fica atenta e se prepara para mobilizar seus mecanismos de defesa. Assim, nesse estado de alerta, a pessoa chega ao hospital, onde descobre o que está acontecendo. Se o panorama que encontrar for grave, ela se sentirá muito mal, mas sua emoção não será mais a angústia, e sim a dor. Porque a angústia é um sentimento que aparece antes de que algo ocorra e serve para mobilizar os mecanismos de defesa. A dor, por outro lado, é um sentimento que surge depois que algo ocorre e expõe a ferida gerada por perder algo que era importante para nós.

Mas o que acontece quando a angústia não esteve presente para nos prevenir?

O que ocorre é o horror.

Durante anos, Daniel acompanhou a depressão de Adela, sua mãe.

O abandono do marido havia feito a mulher afundar em um estado melancólico do qual jamais pôde sair.

No início, Daniel achava que o isolamento, o pranto e o abandono eram um efeito inevitável do luto pela perda do casamento. Com o tempo, a mulher retomou, mais ou menos, seu trabalho e vida social. Ia ao teatro ou saía com os amigos. Assim, parecia estar voltando aos eixos. Mas, de vez em quando, ligava para seu filho e soltava um discurso terrível, agredindo-o e ameaçando se matar. Daniel entrava em estados de desespero e angústia diante da possibilidade de que sua mãe se suicidasse.

Era comum, porém, que no dia seguinte Adela ligasse para conversar com ele. A ira havia passado e ela falava com doçura. Ria e se mostrava de bom humor.

Anos de pesadelo, anos diante desse pêndulo que não cessava. Por isso, cada vez que tocava o telefone, o coração de Daniel acelerava. Até que, um dia, recebeu uma chamada de um número desconhecido. Atendeu, despreocupado e sem preparação alguma. Era a vizinha de sua mãe informando que Adela havia se jogado da escada.

— Está morta? — perguntou ele.

— Sim. Está morta.

Em nossa sessão, eu lhe perguntei o que sentiu naquele momento. Ele respondeu comovido:

— Quando a vizinha de minha mãe me ligou para contar o que havia acontecido, lembro que me apoiei na parede de meu quarto em busca de alguma referência e fui deslizando para baixo até me sentar no chão. Minha mulher veio correndo e me abraçou. Eu não conseguia reagir, só gritava: "Ela conseguiu... a filha da puta conseguiu". E minha mulher me acariciava e dizia: "Sim, Dani, ela conseguiu. Acabou" — pausa. — Repetimos essas mesmas frases muitas vezes, como se fosse um mantra. Eu não conseguia me mexer. O tempo passava e eu continuava no chão, encostado na parede, sem soltar o telefone. E de repente... — ele se interrompe.

— O quê? Continue.

— Pode parecer loucura, mas me lembro de estar em pé, olhando para mim mesmo, no chão, gritando.

A pulsão. O olhar impossível que se voltava para ele de fora. Uma alucinação fruto da luta entre a realidade e a incompreensão. Talvez, como Daniel pensava, tenha sido um momento de loucura momentânea provocada pelo choque emocional que havia levado. Talvez tenha sido um gesto de defesa. O desejo de ser aquele que olha, não o que padece.

Isso é o horror.

Uma sensação que aparece quando levamos um choque psíquico sem estar preparados. Então, esse choque nos derruba e ficamos sem palavras. E, no mundo dos humanos, quando não há palavras, não há nada. Só um abismo de silêncio que nos captura e não nos solta.

Nietzsche disse que devíamos ter cuidado ao olhar muito o abismo, porque, depois de um tempo, é o abismo que olha para nós.

A experiência traumática é ainda pior, porque nem sequer há um nós e um abismo. Nós somos esse abismo de silêncio e horror. E todo analista deve ter a coragem de olhar para o abismo de seus pacientes. Como quem joga cordas dentro de um poço tentando ajudar alguém que caiu, o analista joga palavras, perguntas, porque sabe que, se o paciente produzir associações ou tentar dar uma resposta, a possibilidade de tirá-lo desse abismo e levá-lo a outro lugar se abrirá. Um lugar de palavras onde possa resolver seu sofrimento.

Não é uma tarefa fácil, porque nesse abismo habita um inimigo difícil de enfrentar: o gozo. Território silencioso e desmesurado que expulsa as palavras e convida ao deleite da dor. Trata-se de um convite secreto, inconsciente. Na maioria dos casos, o paciente não percebe que está em gozo, e o analista precisa ter a capacidade de detectar o que está acontecendo e comprometê-lo com o motivo de seu sofrimento: "Por que faz isso consigo mesmo?", "Por que permanece em um vínculo no qual sofre tanto?". Perguntas, silêncios, momentos de corte de sessão. Cada intervenção dessas que temos a nosso alcance busca que a pessoa a quem atendemos assuma que é parte do inferno de que padece; que algo tem a ver com aquilo do que se queixa.

É preciso que a pessoa o admita e faça o possível para resistir a esse impulso destrutivo, porque, como apontou Lacan: *O gozo é aquilo que não serve para nada.*

4
ODE A FREUD

Em 1936, quatro anos depois daquele intercâmbio entre Einstein e Freud do qual falamos algumas páginas atrás, o psicanalista fez oitenta anos.

Não era um bom momento para ele. Encontrava-se amargurado pelo câncer e pela finitude. Amargurado porque Viena lhe era hostil e porque estava às vésperas do exílio. Mas, acima de tudo, não gostava de fazer aniversário. Protestava com inteligência, ou seja, filosofava. Quando lhe perguntaram como se sentia, respondeu: *A maneira como um homem de oitenta anos se sente não é motivo de conversa.*

É provável que sua raiva fosse angústia existencial. A rebelião que se sente quando se comprova que a vida é injusta e que, como ele mesmo havia sentenciado, não parece estar nos planos do universo que o ser humano seja feliz.

Ao saber que Ernest Jones, seu discípulo e futuro biógrafo, estava lhe preparando uma festa-surpresa, não hesitou em lhe escrever.

> *Chegou até mim a informação de que você está preparando uma celebração especial para meus oitenta anos. Afora a possibilidade de que pode não chegar a acontecer e de minha convicção de que um telegrama de condolências seria a única reação adequada para um fato assim, sou da opinião de que nem a situação que impera nos círculos analíticos, nem o estado do mundo justificam celebração alguma [...] Qual é o significado secreto disso de celebrar os números redondos da idade avançada? É certamente uma medição da*

vitória sobre a transitoriedade da vida, que, como nunca esquecemos, está disposta a devorar a todos nós [...] Mas a celebração, evidentemente, tem sentido só quando o sobrevivente pode, a despeito de todas as feridas e cicatrizes, intervir nela como uma pessoa saudável; perde esse sentido quando se trata de um inválido tal que de maneira alguma se pode falar de festejos comuns com ele [...] Eu preferiria que meu octogésimo aniversário fosse considerado um assunto privado.

Freud estava zangado, morrendo, e não queria que ninguém o visse nesse estado. Arrastava perdas impossíveis de superar e o nazismo o obrigava a abandonar seu lar, seu consultório e uma vida da qual já lhe restava pouco.

Mas, àquela altura, era um homem tão famoso que era impossível que a data passasse em branco. Nos dias anteriores, começaram a chegar à sua casa dezenas de flores e centenas de cartas. Uma delas foi especial e lhe insuflou um entusiasmo que não sentia havia muito tempo. O remetente era alguém com quem Freud não trocava correspondência havia alguns anos: Albert Einstein.

A carta era datada de 21 de abril de 1936 e expunha uma mudança na postura do físico em relação à psicanálise.

Caro Freud: sinto-me feliz por esta geração ter tido a sorte de ter a oportunidade de expressar seu respeito e gratidão a você, que é um de seus maiores mestres. Certamente, não foi fácil para você conseguir que as pessoas leigas, céticas como são, chegassem a fazer um juízo independente a respeito. Até pouco tempo, a única coisa que me era possível entender era a força especulativa de suas concepções, além da enorme influência exercida sobre a concepção do mundo de nossa presente era, sem estar em condições de formar um juízo independente acerca do grau de verdade que continha. Mas, há pouco tempo, tive oportunidade de ouvir algumas coisas, não muito importantes em si mesmas, que, a meu entender, descartam toda interpretação que não seja a que você oferece em sua teoria da repressão. Fiquei encantado por ter encontrado essas coisas, visto que sempre é agradável ver que uma grande e bela concepção concorda com a realidade. Com meus cordiais desejos e meu profundo respeito. Seu, Albert Einstein.

P.S.: Por favor, não responda a esta carta. O prazer que me causa a oportunidade que tenho de lhe escrever já é suficiente para mim.

Ao ler estas linhas, Freud recebeu com surpresa a virada na desconfiança de Einstein em relação à psicanálise e teve o desejo de lhe responder. A carta está datada de 3 de maio, três dias antes de seu aniversário.

Caro Einstein: em vão você objeta à ideia de que eu responda à sua tão gentil carta.

Realmente, tenho que lhe dizer quão contente me senti ao comprovar a mudança registrada em sua opinião, ou ao menos o início de uma mudança. Eu sempre soube, claro, que você me "admirava" por cortesia e acreditava muito pouco em qualquer aspecto de minhas doutrinas – se bem que eu mesmo andei me perguntando com frequência o que realmente se poderia admirar nelas se não fossem verdadeiras, isto é, se não contivessem uma grande parte de verdade. Acaso não acha que eu teria sido tratado melhor se minhas doutrinas contivessem uma porcentagem maior de erro e extravagâncias? Sou mais velho que você tantos anos que posso me permitir a esperança de computá-lo entre meus "partidários" quando você alcançar minha idade. Como não poderei saber disso, saboreio desde já essa satisfação. Você sabe o que agora cruza minha mente: "No pressentimento dessa grande alegria, desfruto agora do instante supremo etc.".

Com carinho e admiração imutáveis, seu, Freud.

A última frase citada por Freud pertence ao ato V de *Fausto*, de Goethe.

Sigmund Freud estava ferido.

Sabia que estava morrendo. Sabia quanto havia pagado por sua paixão pelo conhecimento. Sabia que o nazismo recrudescia e que uma pandemia havia levado sua filha. Agora também sabia, porém, que um homem único, talvez um dos mais inteligentes da história da humanidade, o admirava e o respeitava. E, mesmo com a boca destruída pelo câncer, Freud pôde formar uma expressão parecida a um meio-sorriso e se sentiu visitar esse território mítico no qual, por um instante, esquecemos as ausências e as dores.

Freud sentiu-se reconhecido por Einstein, e seu aniversário de oitenta anos, aquele que ele não queria comemorar, mudou de aparência. Pelo menos por um momento, ele se sentiu feliz. Com essa felicidade à qual um ser humano pode aspirar.

Uma felicidade em falta. A felicidade do sofredor.

Esse momento breve, único e supremo.

III
A FELICIDADE DEPENDE DE NÓS

Busca-se, cheio de esperanças, o caminho que os sonhos prometeram aos seus anseios.

Enrique Santos Discépolo

1
DEPENDE DE NÓS?

Já falamos sobre a felicidade nostálgica, essa que buscamos no passado. Também da felicidade postergada, a que se agarra à esperança e se projeta no futuro. Além disso, também nos perguntamos se a felicidade pode estar em um lugar, se existe um território para ela.

Continuemos com essas reflexões.

Convém revisar dois lugares-comuns que aludem à felicidade: "a felicidade depende de nós" e "a felicidade está dentro de nós". Frases que, embora pareçam similares, são bem diferentes (falsas amigas, como dissemos antes).

Como toda sensação, a felicidade é uma experiência que percebemos dentro de nós mesmos, o que parece avalizar a ideia de que a felicidade está em nós. Mas isso não implica que a felicidade dependa só de nós.

Todo sujeito é responsável por suas emoções, atitudes e seus momentos de felicidade. Freud afirmou que devemos ser responsáveis, inclusive, pelo conteúdo de nossos sonhos. Então, é claro que a possibilidade de experimentar um momento feliz dependerá de cada pessoa em particular. O acontecimento mais belo do mundo passará inadvertido para quem não estiver em condições de percebê-lo. Um sentimento tão poderoso como o amor é irrelevante quando vem de alguém que não nos importa. Se observássemos a situação de fora, nos surpreenderíamos e poderíamos nos perguntar: "Você não percebe quanto fulano o ama?". E o amado responderia com certa indiferença que não, ou que sim, mas que isso não lhe importa, porque esse amor é incapaz de comovê-lo. Talvez se comova diante da indiferença de outra pessoa. Alguém que, longe de amá-lo, nem sequer o registra, mas sobre quem projetou seu desejo.

Todo ser humano tem um papel relevante na construção de sua vida emocional. Portanto, é inegável que, em alguma medida, a felicidade depende de nós. É preciso, porém, evitar um erro que pode decorrer dessa ideia. A Gestalt pode nos ajudar a desmascará-lo.

A teoria da Gestalt surgiu no início do século XX na Alemanha. Os pesquisadores se perguntavam qual era o papel dos processos mentais no fenômeno da percepção. Consideravam que o ser humano tinha um papel ativo no ato de perceber a realidade.

A palavra "Gestalt" é traduzida como "forma".

Todo sujeito tem formas incorporadas que o inclinam a perceber o mundo de um modo particular.

Por exemplo, se eu escrevesse a palavra "eterndade", certamente muitos de vocês leriam "eternidade". Esse fenômeno ocorre porque existe um mecanismo mental que tende a completar o que falta. Ou seja, a gerar uma Gestalt, uma forma completa.

É o mesmo processo que faz que, no desenho a seguir, percebamos um quadrado e um círculo, quando, na verdade, faltam alguns pontos para que essas figuras efetivamente sejam um quadrado e um círculo.

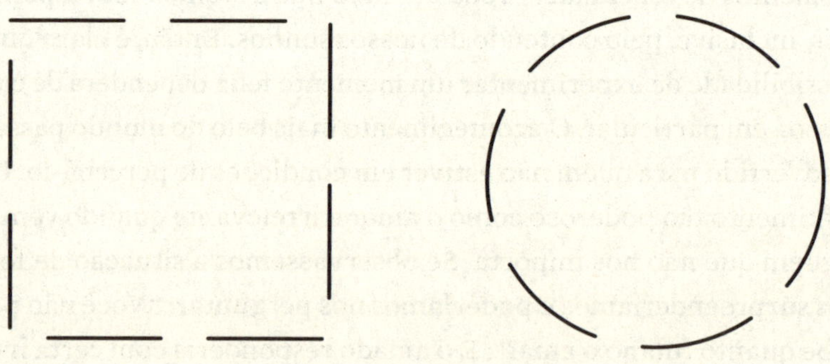

Claudia é uma paciente de trinta e oito anos. Odeia sua mãe e considera seu pai um imbecil. Nada em seu relato justifica essa ideia. Ambos a tratam com consideração e sempre apoiaram todos os seus projetos, desde que era pequena. Porém, embora aparentemente não tenha motivos, é isso que ela sente.

Em uma sessão, recorda uma reunião de família. Ela devia ter cinco ou seis anos. Seu pai estava conversando com um cunhado. A conversa era cordial. Em dado momento, o pai comentou que sua esposa havia acabado de fazer um aborto. Claudia se interrompe. Pergunto o que aconteceu.

— Eu não me lembrava desse fato. Nem sei se é verdade ou se estou imaginando.

— Isso não importa. Diga-me o que está pensando.

— Não sei. Nada.

— Mas você ficou angustiada. Por quê?

A resposta de Claudia foi cair no choro.

Fico em silêncio. Deixo-a descarregar esse afeto reprimido há tantos anos, e, quando se acalma, interpreto seu relato.

— Você era uma criança. Tão pequena que seu pai achou que podia falar tranquilamente porque você não entenderia o que ele estava dizendo, mas você entendeu mal. E se perguntou por que sua mãe abortaria um filho, e só encontrou um motivo: porque esse filho não era de seu pai. A partir desse momento, ela se transformou em uma traidora que enganou o marido e ele em um imbecil que aceitou isso sem fazer nada. Por isso seus sentimentos para com eles. Sua raiva de pais cujo único erro foi não perceber que a filha entendia do que estavam falando. Mas as conclusões que você tirou foram errôneas. Sua mãe não enganou seu pai, nem ele é um imbecil.

Como nos desenhos que mostramos, às vezes os relatos deixam pontas soltas que preenchemos com fantasias. Minha interpretação iluminou esses elos que Claudia havia acrescentado para completar a forma. É assim que a psique funciona.

Do mesmo modo, por uma questão gestáltica, a frase "a felicidade depende de nós" é percebida como "a felicidade *só* depende de nós", o que não é a mesma coisa. Esse "só" omitido na frase que, por efeito da Gestalt, aparece em nosso pensamento, introduz uma diferença fundamental. Porque a ideia de que a felicidade "depende só de nós" deixa de fora a vida, o acaso, os caminhos de quem amamos e suas circunstâncias.

Trata-se de uma crença que nos convida a transitar pelo mundo com uma postura ascética na qual só contamos nós e nosso universo interior, espelho do universo exterior. É o que dizem alguns livros sagrados e a filosofia oriental: "Como é acima é abaixo e como é fora é dentro". Isto é, de algum modo, as leis que regem os planetas são as mesmas que regem a nós. Tudo é parte de uma perfeita ordem universal. E, nessa comunhão ideal com o cosmo, pouco importa se a pessoa que amamos acabou de morrer, porque nada pode perturbar esse equilíbrio.

Não é assim a vida dos pacientes que vêm a meu consultório. Nem das pessoas que conheço, nem a minha.

A felicidade pensada como um fato puramente individual constrói o estereótipo de um ser humano insensível a tudo o que se passa ao seu redor.

* * *

Bertrand Russell viu tudo: da existência dos automóveis ao ser humano chegando à Lua. As duas guerras. A aparição de Freud e de Lacan. O impressionismo e o *rock and roll*. Foi filósofo, matemático, lógico e escritor – reconhecido com o Nobel de Literatura. Nasceu em 1872, morreu em 1970.

Em 1930, escreveu um livro chamado *A conquista da felicidade*. É interessante ver como, já no título, ele propõe que a felicidade é algo a se conquistar. Um território que não nos pertence e que devemos acessar como fazem os que avançam sobre um território desconhecido: com persuasão, cuidado, risco ou até violência.

O conquistador desaloja os antigos habitantes dos lugares que invade. Pode ser que se una e se misture a eles, mas também é possível que os subjugue, escravize ou mate. É inevitável que algo disso ocorra.

Em sua "Pequeña serenata diurna", Silvio Rodríguez se desculpa pelas consequências de sua conquista.

Soy feliz
Soy un hombre feliz
Y quiero que me perdonen
Por este día
Los muertos de mi felicidad[12]

Como tudo na vida, a felicidade tem um preço. Às vezes, esse custo é o sofrimento alheio. Bem o sabe aquele que deixa uma pessoa a quem já não ama. Escuta as súplicas e o choro do abandonado, mas nada pode fazer. Também o sabe aquele que consegue um emprego que outros também desejavam. Quando consegue a vaga, compreende que os outros estão sofrendo. Mas também não pode fazer nada.

Conquistar a felicidade nunca é grátis, e quem quiser alcançá-la tem que estar disposto a pagar o preço sem ceder ao tormento da culpa. Do contrário, a culpa o impedirá de ser feliz.

Voltando a Bertrand Russell.

O filósofo está preocupado – como deve ser – e nos convida a um exercício similar ao que eu realizava naquelas viagens de trem de minha adolescência.

> *Pare em uma rua bem movimentada em horário comercial, ou em uma estrada importante no fim de semana; esvazie a mente de seu ego e deixe que as personalidades dos desconhecidos que o cercam tomem posse de você, uma depois da outra.*
>
> *Você descobrirá que cada um desses dois grupos diferentes tem seus próprios problemas. No grupo do horário comercial, você verá ansiedade, excesso de concentração, dispepsia, falta de interesse por tudo que não seja a luta cotidiana, incapacidade de se divertir, falta de consideração para com o próximo.*

12 "Sou feliz/ Sou um homem feliz/ E quero que me perdoem/ Por este dia/ Os mortos de minha felicidade."

As causas desses diversos tipos de infelicidade se encontram, em parte, no sistema social e, em parte, na psicologia individual (que, claro, em grande medida, é consequência do sistema social).

Russell nos convoca a nos reconhecermos como seres cercados de outros seres que impactam nossa psicologia individual. Como poderíamos ser felizes, então, prescindindo do que nos cerca?

A concepção de que a felicidade depende só de nós põe em jogo algo do que já falamos: o Nirvana.

Se tivéssemos a possibilidade de alcançar esse estado ideal, de transcender as paixões e superar as dificuldades impostas pelos sentimentos, poderíamos pensar que ser felizes depende exclusivamente de nós. Mas trata-se de um ideal inalcançável. Um ideal nem mesmo desejável.

Como dissemos, o falante se constrói a partir do olhar dos outros, de suas palavras e do grau de reconhecimento que obtém deles. Pensar um ser humano que não esteja afetado por seu entorno é uma utopia. Portanto, é necessário reformular estas premissas: "a felicidade depende de nós", "a felicidade está em nós".

Tudo o que fizermos e a maneira como transitarmos pela vida será determinante para que possamos experimentar a felicidade. Experiência que de maneira nenhuma dependerá só de nós. Não será fácil, porque, como apontou Freud em seus escritos sobre masoquismo, primeiro surge "a tendência" que impõe o princípio do Nirvana, a busca do estado de tensão zero, ou seja, a morte, e só depois aparece a "exigência" do princípio do prazer.

Por isso, embora seja verdade que a sensação de felicidade é uma experiência pessoal, não se trata de algo que devamos buscar em nosso interior nem de um tesouro oculto que possamos descobrir no quintal de casa, como sugere o conto de Borges. A felicidade não é algo que existe e ainda não encontramos.

Já falamos do conceito de extimidade, que alude a "isso" que está dentro e fora ao mesmo tempo. Algo que é e não é parte de nós. A felicidade se ajusta a esse conceito. A felicidade é íntima e estranha ao mesmo tempo. É uma emoção que está em nós e, de repente, deixa de estar, para voltar mais tarde. É essa formiga que caminha pela fita de Möbius no quadro de Escher e que faz que nos perguntemos de que lado da fita está.

Por habitar o território de uma intimidade estrangeira, a felicidade está em ambos os lados: umas vezes dentro e outras vezes fora de nós. Trata-se de uma sensação que está em mim, mas que não depende só de mim. Algo que às vezes está no olhar do outro. Nesse olhar que o outro me devolve e gera em mim uma sensação que denomino felicidade. Não em vão Lacan dirá que o olhar é uma das formas do objeto "a", aquele objeto que perdemos na vivência primária de satisfação. Esse objeto que perdemos pelo fato de sermos falantes e que podemos recuperar, apenas por um instante, em algumas circunstâncias. Por exemplo, no olhar, ou na voz de alguém, que, ao dizer que nos ama, nos faz felizes. Por quê? Porque, embora de modo um pouco imperfeito, esse olhar ou essa voz nos devolvem algo perdido. Algo que não podemos reter. Algo que temos que deixar que nos percorra por um instante, mesmo sabendo que escapará uma vez mais.

Não somos um recipiente que possa alojar a felicidade para sempre; pelo contrário, somos um continente que tem entrada e saída. Então, às vezes, a felicidade passa por nós e nos comove. Mas vai embora, e seria um erro tentar retê-la, porque, na tentativa, deixaríamos escapar esse instante no qual poderíamos ter sido felizes. É o erro que comete quem perde um momento sublime querendo guardá-lo para sempre em uma foto. É uma tentativa fracassada. De nada servirá mostrar essa foto para transmitir a emoção da experiência. A felicidade não pode ser compartilhada com ninguém, exceto com quem a viveu conosco.

Retomemos as frases iniciais e digamos que depende de cada um conseguir um estado que lhe permita ser feliz, mas essa felicidade não depende só dessa pessoa. Será uma comunhão. Talvez uma surpresa. O encontro de algo íntimo e algo externo em um mesmo momento do tempo e espaço.

Uma experiência *extímia*.

Se nos prepararmos para abraçá-la, é possível que apareçam esse olhar ou essa voz que nos façam felizes. Ambas as condições são necessárias: o estado interno e a circunstância exterior.

Podemos encontrar mais um sentido nessas frases. Uma significação que se abre quando elas assumem a forma de uma ordem. Então, quando escutamos que "a felicidade depende de nós", ficamos inquietos porque sentimos que somos obrigados a encontrar a maneira de ser felizes a qualquer custo.

* * *

Toda pessoa habita um lugar e um tempo que lhe impõem desafios que deve enfrentar. Nossa vida é lutar contra uma cultura hedonista que nos força a desfrutar. Porém, apesar desse mandamento, as pessoas vivem tristes, tensas e medicadas. Até mesmo as crianças entraram no mercado dos antidepressivos e ansiolíticos. Ou seja, na era da felicidade, somos mais infelizes que nunca. Isso apesar de não estarmos na pior das épocas. Por mais que o avanço da medicina tenha prolongado a expectativa de vida e a tecnologia nos proporcione prazeres que antes não existiam, basta olhar o rosto das pessoas para compreender o peso que temos que enfrentar. É muito difícil se sentir bem quando se tem a obrigação de ser feliz.

A felicidade não é uma experiência que se pode construir à força. Como apontou a psicanalista espanhola Rosa López:

> *O ser humano de qualquer época tem uma aspiração legítima à felicidade como desejo. Mas, na promoção contemporânea que trata de transformar a felicidade em um direito – notem que a Constituição dos Estados Unidos tem um artigo que diz que o cidadão tem direito a ser feliz –, nessa mudança do desejo ao direito o superego vai se infiltrando cada vez mais.*
>
> *O superego é uma força do aparato psíquico que consegue transformar o melhor em ruim e os desejos em imperativos. Então, quando a felicidade deixa de ser um desejo e se transforma em um direito e, por fim, em uma obrigação, em um dever, tudo se perverte, dando lugar à busca insensata de um prazer infinito, ilimitado e contíguo à pulsão de morte. O exemplo máximo são os vícios que vão se*

generalizando cada vez mais. Não mais se reduzem ao alcoolismo ou às drogas. Todo gozo atual é passível de ser formulado em termos de vício. Ao sexo, ao trabalho, às compras, ao celular, à comida etc.

A que responde este fenômeno tão atual?

Poderemos entender se pensarmos que todos esses supostos vícios são respostas aos imperativos superegoicos. O superego dá ordens. Por exemplo: coma, beba, faça sexo, compre, seja feliz, curta de tudo, pegue o que quiser. E, quando se leva isto ao paroxismo, quando já nada é suficiente, o superego pode dizer mate-se, ou mate.

Na Roma antiga, quando uma pessoa tinha uma dívida que não podia pagar, era tomada como escravo por seu credor até que se considerasse que a havia saldado com seu trabalho. Esse tipo particular de escravo era denominado *addictus*. Em outras palavras, o adicto é um escravo, alguém aderido patologicamente a uma substância, uma situação ou uma pessoa.

O adicto é alguém que não consegue falar, portanto, expõe suas dores por meio de um ato de dependência que pode ser desastroso. Que pode, inclusive, levar à morte. Em vez de falar, o adicto escuta uma só voz: a voz do Superego que lhe ordena gozar.

Tomado pelo gozo, o Superego lhe ordena: coma mais, não coma, beba mais, faça mais sexo, consuma mais, seja feliz, conquiste tudo, não há limites, mate, mate-se.

Chegados a este ponto, é necessário percorrer os conceitos de Inconsciente e Superego para que não se transformem em novos falsos amigos.

O Inconsciente

Ao longo de seu desenvolvimento teórico, Freud construiu dois conceitos importantes para explicar a estruturação da psique. São conhecidos como primeira e segunda tópica.

A primeira tópica é mais do início da teoria e diferencia três instâncias psíquicas: Consciente, Pré-consciente e Inconsciente.

Embora pareça redundante, digamos que no sistema Consciente encontra-se tudo que está na consciência. Por exemplo, as ideias que pensamos, os assuntos que nos preocupam ou a atividade que estamos realizando. Ou seja, o que temos "em mente" neste instante.

Até aqui, nenhuma dificuldade, mas, quando tentamos explicar o sistema Inconsciente, a coisa começa a se complicar.

Há muitos anos, tive a ideia de fazer uma série de conversas abertas para falar sobre psicanálise. Foi uma aventura realizada no Clássica y Moderna, um bar notável que era, ao mesmo tempo, uma bela livraria, onde se podiam encontrar exemplares difíceis de conseguir. Aquele espaço, emblema da cultura de Buenos Aires, hoje está fechado.

Assim como dissemos que os lugares geram associações que nos influenciam, também existem pessoas que impactam lugares. Era o caso de Natu Poblet, dona do café literário, um ser maravilhoso que dava ao Clássica – como o chamávamos – uma aura diferente.

Não nos conhecíamos, mas um amigo em comum nos convenceu a fazer algo juntos. Reunimo-nos um sábado às nove da manhã sem saber para quê. Para minha surpresa, ela colocou na mesa dois cafés e duas taças de champanhe. Conversamos um longo tempo sobre nós, sem nenhuma pressa, até que Natu formulou uma proposta.

— Você viu que fazemos jantares com show aqui? O que acha de fazermos um café da manhã com conversa?

— Você é louca.

— Sou mesmo. Você não?

Eu ri.

— E quando seria?

Ela sorriu.

— Em homenagem ao nosso primeiro champanhe juntos, proponho os sábados às nove da manhã.

Era inverno. Quem se levantaria a essa hora em um sábado frio para participar dessas conversas? Mas ela era assim. Aceitei e selamos o acordo com um brinde. Naquele dia, ficamos amigos, e o que começou como uma travessura se transformou em um compromisso que tive, durante quatro anos, com as pessoas que lotavam o bar.

Foi uma experiência maravilhosa, consagrada pela magia de Natu, que chegava dez minutos antes do fim de cada conversa para cumprir o ritual de brindar comigo.

Sua morte foi um golpe para a cultura argentina. Um golpe ao qual o Clássica y Moderna não pôde resistir. Em sua homenagem, todos os sábados, no café da manhã, tomo um café e uma taça de champanhe.

Guardo momentos inesquecíveis dessa experiência. Amigos, um livro e minha história de amor.

Cada vez que passo pela Callao com a Córdoba e vejo a persiana do bar fechada, tenho um sentimento ambivalente. Um misto de tristeza e alegria. Talvez não possa ser diferente. Talvez devamos pensar que não existe felicidade que não aloje uma parte de dor.

Em uma das tantas cartas enviadas do exílio a seu amigo Tomás Guido, o general San Martín lhe escreve entre a felicidade e a angústia:

> *Pareço um verdadeiro quacre; não vejo nem me relaciono com nenhum ser vivente. Ocupo minhas manhãs na cultura de um jardinzinho e em minha pequena oficina de carpintaria; à tarde, saio para passear, e à noite, passeio na leitura de alguns livros; essa é minha vida. Você dirá que sou feliz; sim, meu amigo. Apesar disso, você acreditaria se eu dissesse que minha alma encontra um vazio que existe na própria felicidade?*

Felicidade com vazio. Felicidade dolorosa. Felicidade incompleta.

Em *Encontros*, o livro que surgiu daqueles encontros, contei que, na conversa inicial, pedi aos presentes que dissessem a primeira coisa que lhes passava pela cabeça ao escutar a palavra Inconsciente. Estas foram as respostas:

— Esquecimento.
— Dor.
— Algo que não é consciente.
— Repressão.

— Um estranho que vive dentro de nós e nos leva a fazer coisas que não queremos.

Não eram respostas equivocadas. Em certa medida, cada uma delas descrevia uma característica do Inconsciente.

Lembro que perguntei a uma jovem, que estava em uma mesa próxima, qual era seu nome do meio.

— Denise.

— Muito bem — olhei para ela. — Alguém sugeriu que o Inconsciente é algo que não está na consciência. Antes de eu perguntar, a palavra Denise estava em sua mente?

— Não.

— Então, era algo inconsciente?

Ninguém respondeu e, após alguns segundos, continuei explicando:

— A resposta é sim e não, porque não há uma teorização única sobre o que é o Inconsciente.

Coloquemos da seguinte maneira:

Existem três momentos na teoria psicanalítica que determinam três tipos de Inconsciente bem diferentes.

O primeiro tem a ver com a ideia de que o que não está na consciência é inconsciente, e o exemplo é o nome Denise. Até que formulei a pergunta, ele não estava na consciência dela, então, ao menos naquele momento, era inconsciente. Segundo essa concepção, o Inconsciente seria como uma despensa da qual podemos tirar coisas, bastando ir buscá-las. É o que os analistas chamam de Inconsciente Descritivo, um lugar onde fica aquilo que é inconsciente só pelo fato de não estar na consciência, mas que podemos tornar consciente ao lhe dar a atenção necessária. Tecnicamente, chama-se "Pré-consciente" e é a primeira formulação do Inconsciente.

Era um momento inicial da teoria, e Freud, ainda ingênuo, achava que existia a possibilidade de recuperar todo o Inconsciente. Como a teoria guia a prática clínica, naquela época a psicanálise se instituiu como "a arte de tornar consciente o inconsciente", e o tratamento avançava nessa direção, tentando fazer o paciente recordar, trazer à memória uma vivência esquecida, torná-la consciente, com a crença de que, assim, estaria curado.

Um ideal que logo mudaria, embora, infelizmente, muitos ainda acreditem que análise é isso.

À medida que suas descobertas avançavam, Freud compreendeu que o tema era muito mais complexo.

Nem todas as lembranças podiam ser recuperadas. Algumas resistiam a voltar, como se uma força as retivesse em um lugar inacessível para o pensamento, ou como se uma barreira se erguesse na consciência para não as deixar entrar. Então, ele deduziu a existência de uma resistência à possibilidade do retorno dessas lembranças, e foi quando descobriu outro tipo de Inconsciente. Um Inconsciente expulso da consciência. Por quê? Porque são ideias ou acontecimentos que o aparato psíquico reprimiu por considerá-los intoleráveis. Uma vez reprimidas, essas "representações" não podem mais voltar com a facilidade com que volta o Pré-consciente, porque a mesma força que as expulsou da consciência levanta uma barreira que exerce resistência, e, ao mesmo tempo, algo nesse silêncio escuro as puxa para trás.

Às vezes, uma pessoa nos incentiva a fazer o que temos vontade de fazer, a não nos reprimir. Outro falso amigo. Não é a repressão da qual falam os analistas.

Para a psicanálise, a repressão é um mecanismo de defesa que atua sem que percebamos. Não se trata de um ato voluntário. Acontece, e só nos daremos conta dele quando fracassar, quando parte do reprimido retornar à consciência.

Aqui, torna-se indispensável diferenciar dois fenômenos que costumam ser confundidos: a cura analítica e a experiência analítica.

A cura analítica, a análise, é um caminho. Um percurso que pode durar muito ou pouco. O tempo decorrido desde que aceitamos uma pessoa como paciente até que deixamos de vê-la, ou até que esse paciente termine de processar, mesmo em nossa ausência, o que viu na análise.

Em contrapartida, a experiência analítica é um instante de surpresa, ou melhor, uma soma de instantes de surpresa que se dão ao longo do tratamento. O doutor Nasio assim o descreveu:

É uma série de marcos que ocorrem durante esse caminho [o tratamento], momentos esperados pelo analista que ocorrem raras vezes, e que, quando ocorrem, são momentos fugazes e, mais que fugazes, ideais.

A que Nasio se refere?

A esses momentos em que o paciente se equivoca, hesita, não sabe o que diz, sua palavra falha e ele se questiona: "Não sei por que eu disse isso". Esse é o ponto em que a linguagem interessa ao analista. A psicanálise não é uma experiência de comunicação, e sim de desencontro. O desencontro que se dá entre quem fala e suas palavras. O analista não deseja se comunicar com seu paciente, e sim produzir esse ponto de falha, esse instante em que a palavra surpreende o falante e o faz dizer algo que ele não queria; algo de que quer se livrar com rapidez. Jogar no lixo. É com isso que o analista trabalha, com a lixeira da linguagem. Interessa para nós esse momento em que o sujeito não sabe falar, não encontra a palavra certa e o relato fica suspenso.

A experiência analítica é, então, o instante em que a palavra falha, a repressão fracassa, o reprimido retorna e surge o gozo. Aquilo que retorna, porém, tem um aspecto diferente, um disfarce que lhe permite eludir a resistência.

Esses disfarces se denominam "formações do Inconsciente": lapsos, chistes, sonhos, atos falhos e sintomas. O desafio do analista é ver através desses disfarces, interpretá-los até chegar à verdade que escondem.

Esse Inconsciente, tão diferente do anterior, denomina-se Inconsciente Dinâmico.

Resta ainda mais uma versão do Inconsciente. A mais esquiva: o Inconsciente Estrutural.

Para explicar um conceito tão difícil, vamos usar uma frase de Freud: *tudo que é reprimido é Inconsciente, mas nem tudo que é Inconsciente é reprimido.* Ou seja, no Inconsciente não estão só aquelas coisas que não temos na consciência neste momento

(Pré-consciente), nem as que expulsamos por serem dolorosas ou traumáticas (Inconsciente Dinâmico); há algo mais, algo anterior. Um Inconsciente que não foi reprimido, que nasceu inconsciente e que sempre o será, por mais análise que se faça. Por isso é estrutural.

Trata-se de um conceito difícil de entender. Porém aparece constantemente. Pode ser visto no homem que atravessa uma rua olhando o celular sem ver o carro que se aproxima, na pessoa que brinca com seu bebê na varanda, jogando-o para cima, sem registrar o risco de que pode ser que caia; na pessoa que permanece em uma relação de maus-tratos e indiferença, ou em todo aquele que arrisca sua vida sem nem perceber. Essas situações refletem o Inconsciente Estrutural. Um Inconsciente que também aparece na repetição de atos ou escolhas que ferem.

Desconfio que muitas pessoas devem ter notado a "rima" entre o Inconsciente Estrutural e a pulsão de morte. Não estão enganadas. Trata-se disso mesmo. De um universo pulsional que jamais será alcançado pela palavra. Aí está esse estranho que vive dentro de nós, que nos faz fazer coisas que não queremos e põe em risco nossa vida e a dos outros sem que tenhamos consciência disso.

É um ponto limite para a análise porque é um Inconsciente que não pode ser interpretado e jamais será consciente, porque algo que nunca esteve na consciência não pode voltar a ela. Um Inconsciente que demanda um trabalho muito mais árduo. Uma "construção" que requer do analista um ato criativo. É um momento culminante em um tratamento no qual, a partir da fala do paciente, o profissional cria um relato que ocupa os espaços vazios, ordena o gozo insensato e dá um sentido à história do analisado. Trata-se da mais difícil das intervenções analíticas. Mas, quando acerta o alvo, muda para sempre a vida de uma pessoa.

O Superego

Diferentemente da primeira tópica, a segunda surgiu muito mais tarde no desenvolvimento da teoria freudiana. Apareceu só no ano de 1923 em um artigo chamado "O Ego e o Id" e não anula a anterior, mas a complementa. A estrutura Consciente-Pré-consciente-Inconsciente será mantida até o final da obra, e essas continuam sendo noções de importância vital em nossa prática clínica atual.

Nessa nova concepção, Freud descreve um aparato psíquico composto de três instâncias: Ego, Superego e Id.

Vamos tentar fazer uma conexão, um ponto de união entre os conceitos que estamos trabalhando. Podemos dizer, então, que aquilo que na primeira tópica chamamos de Inconsciente Estrutural é a mesma coisa que na segunda chamaremos de "Id". Trata-se do lugar psíquico em que habitam as pulsões, o que percorre o Δ (Delta) a partir do momento de seu nascimento, uma energia insensata (pulsão de morte) que atormenta o ser humano até o último dia de sua vida.

Isso quer dizer que, embora com outra terminologia, o Id já havia aparecido na teoria. Também o Ego, essa instância que processa os estímulos, tanto internos como externos, e gera uma resposta para travar relações com o mundo e manter o equilíbrio psíquico.

Mas a psicanálise nunca havia se ocupado do Superego. Como aponta Jacques-Alain Miller, embora se trate da novidade que "O Ego e o Id" trazem, é a única instância que falta no título desse artigo. Isso não é um dado sem importância em se tratando de um escritor tão minucioso como Sigmund Freud.

Talvez por ser um conceito difícil, esquivo, muito complicado, tão ligado à pulsão de morte, foi o primeiro que os amantes da psicologia do Ego desprezaram.

Não cometamos o mesmo erro.

Adentremos nos territórios obscuros do Superego.

Em uma primeira aproximação, Freud o definiu como *o herdeiro do Complexo de Édipo,* uma instância na qual os mandamentos dos pais ficam gravados.

Ao nascer, o bebê ainda não incorporou os limites e requer que alguém de fora, em geral o pai ou a mãe, lhe digam o que fazer e o que não fazer. Com o tempo, ele incorporará essas vozes e não precisará mais delas para saber, por exemplo, que não deve enfiar o dedo na tomada.

No Superego habita essa voz que nos permite escutar o que nossa mãe diria ou o que nosso pai esperaria de nós, mesmo tendo morrido faz tempo. Ao incorporar essas vozes, a criança também incorpora o que se espera dela, como ela deve ser para ser amada, para ser considerada um bom filho, uma boa pessoa. Ou seja, incorpora um ideal com o qual vai se comparar a vida inteira. Um "Ideal do Ego" que a guiará, mas que ela nunca alcançará. Um Ideal que é, ao mesmo tempo, farol e frustração.

Esta é só uma das faces do Superego, que denominamos "Superego normativo".

Avancemos um pouco mais e vejamos o desenho que Freud fez para descrever essa nova versão do aparato psíquico.

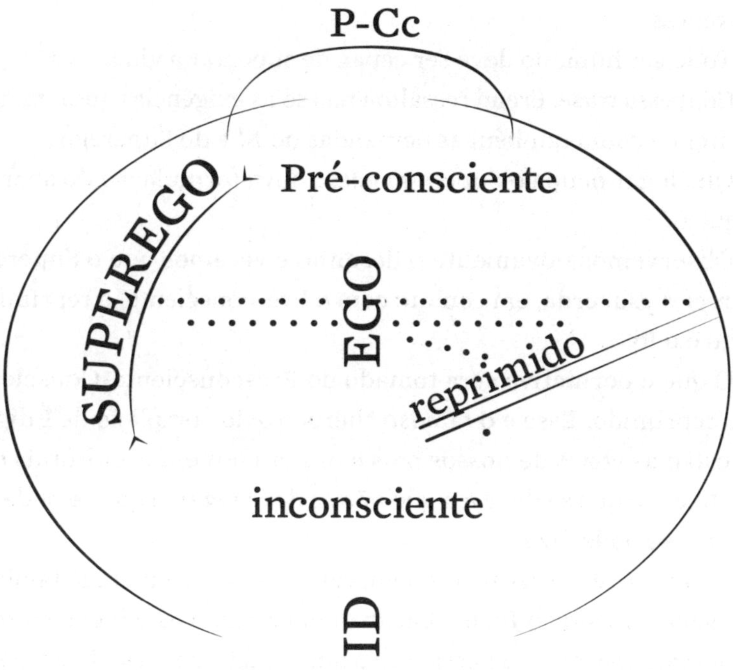

Como vemos, em cima está o polo perceptivo (P) que recebe os estímulos externos que impactam a consciência (Cc). Embaixo, o sistema Pré-consciente, onde se encontra aquilo que podemos resgatar sem muito esforço, embora por ora não seja consciente.

Ao lado aparece o reprimido, o que foi expulso da consciência por ser doloroso e voltará só em episódios esporádicos, aos quais chamamos, como vimos antes, "experiência analítica".

Até aqui, nada que já não tenhamos explicado. Mas recordemos a frase de Freud que citamos, porque será determinante:

> *Tudo que é reprimido é Inconsciente, mas nem tudo que é Inconsciente é reprimido.*

É aí que entra o Id, a servidão pulsional, esse Inconsciente que, como dissemos, jamais foi reprimido, jamais se tornará consciente e sempre nos imporá um esforço enorme no desafio de suportar a existência.

Todo ser humano deve ser capaz de suportar a vida.

Com essa frase, Freud ressaltou não só as exigências que o mundo nos impõe como também as demandas do Id e do Superego.

Que lugar ocupa o Superego nessa nova formulação do aparato psíquico?

Observemos novamente o desenho e veremos que o Superego aparece à esquerda, em contato com o Pré-consciente, o reprimido, o Ego e o Id.

O que é normativo será tomado do Pré-consciente-Consciente e do reprimido. Esse é o famoso "herdeiro do complexo de Édipo". Ali estão as vozes de nossos pais e os mandamentos culturais que nos dizem o que se deve e o que não se deve fazer, o que se pode e o que não se pode fazer.

Contudo, se observarmos bem, veremos que o Superego também está subordinado ao Id, e é Lacan quem resgata esta ideia em toda sua força e aporta uma perspectiva que muda o cenário do conceito.

Uma coisa é certa: o Superego é inconsciente. Mas não só a aparição do inconsciente reprimido que esperamos na análise, o inconsciente que surpreende com o lapso, o sonho ou o chiste, mas também um inconsciente que afunda os pés no Id e lança uma voz que sussurra um imperativo fatal: "goze", ou seja, sofra.

Ernest Jones (biógrafo de Freud e psicanalista) disse:

> *A vida mental do homem é constituída essencialmente por seus esforços para fugir das exigências do superego ou para se submeter a elas.*

Esse talvez seja o desafio mais difícil que a vida nos apresenta. O desafio de enfrentar a voz imperativa do Superego, que, ao nos incitar ao gozo, nos impede de desejar, porque degrada cada desejo em uma ordem.

Nos tocou viver a época da tecnologia e da desmesura, na qual o Superego é mais cruel que nunca. As cirurgias estéticas desnecessárias às quais algumas pessoas se submetem denunciam a angústia gerada pela obrigação de ser sempre jovem, bonito e perfeito. E muitos pagam um custo muito alto por tentar alcançar isso.

Isso não implica que não tenhamos o direito de ter uma boa aparência. Mas é preciso cuidado para que esse direito não esconda a submissão a um mandamento social desmesurado. Um mandamento que, embora surja da cultura, arraiga-se profundamente em nós. Extimidade.

Lacan disse que nada obrigava ninguém a gozar, exceto o Superego, que nos empurra *a um gozo impossível, a uma satisfação completa que é impossível e que, portanto, nos leva a ultrapassar os limites do corpo.*

Quando o desejo se deteriora e se transforma em uma obrigação, perde-se a possibilidade de alcançar o prazer e a única coisa que conseguimos, com um pouco de sorte, é cumprir um mandamento e apaziguar por um instante o desejo do Outro. Um mandamento que logo ressurgirá para nos impor um novo sacrifício e nos afastar ainda mais da felicidade.

Quem recebe o abraço emocionado de sua família ao se formar na universidade não será feliz se seu desejo era ser músico.

Quando a voz de um pai exige um dez, o filho que tira essa nota também não é feliz. Apenas dissipa momentaneamente o medo de ser castigado, mesmo que esse castigo assuma a forma encoberta da reprovação paterna.

Não devemos nos confundir. Essas desaprovações, essas faltas de reconhecimento ferem a integridade psíquica, a confiança e o amor-próprio. São atos que parecem sutis, mas causam estragos.

Ninguém pode ser feliz dedicando a vida a cumprir mandamentos alheios.

* * *

Luísa tinha cinquenta e nove anos quando seu marido a deixou.

Haviam passado quase quarenta anos juntos, tinham três filhos, e, quando nada levava a pensar em uma mudança tão drástica na vida dela, o homem se apaixonou por sua assistente, uma jovem de trinta e cinco anos, abandonou o lar e foi viver com ela.

Dois meses depois, Luísa faria sessenta anos.

Em uma tentativa de mudar seu estado de ânimo, seus amigos organizaram uma grande festa para ela. Com a melhor das intenções, convidaram-na a celebrar a vida e, sem perceber, colocaram-na em uma situação estranha: recém-separada, vestida de festa, angustiada, cercada de amigos e soprando as velas com uma sensação ambivalente. Por um lado, o medo do destino de solidão que previa, e, por outro, o canto de seus amigos que ecoava no salão: "Parabéns a você!".

Uma canção que encarna a armadilha de um imperativo e três desejos. Um imperativo envolto em carinho que exige de nós recorrentemente que tenhamos muitas felicidades e muitos anos de vida.

E, no momento ritual do sopro das velas, somos incitados a fazer três desejos que quase sempre têm a ver com saúde, dinheiro e amor. Porque desejamos em segredo que aquilo que amamos perdure, que não nos falte nada e que o corpo nos permita desfrutar de tudo. E, entre o parabéns a você nesta data querida e o sopro desejante, ou angustiado, ou assustado, ou sonhador, algo acontece.

Parece um momento simples, um rito quase sem importância. Implica, porém, um convite a continuar vivendo ("muitos anos de vida"), e o mistério da felicidade ligada ao desejo do que não temos ou não queremos perder.

"Muitas felicidades" é uma frase que tem uma dupla leitura. Pode ser percebida como um voto ou como uma ordem. Quem canta pode estar nos desejando felicidade ou nos obrigando a ser feliz. E há uma diferença enorme entre a manifestação de um bom augúrio, algo que dá ânimo, e uma ordem, algo que oprime.

O dia do aniversário é muito particular, especialmente porque é quando escutamos a maior quantidade de palavras vazias. O telefone começa a tocar cedo e pessoas com quem temos pouco ou nenhum contato cotidiano nos convidam a manter conversas no mínimo superficiais.

— Olá! Feliz aniversário, tudo bem? Tenha um lindo dia.

Fim de papo. Pura palavra vazia. Desejos ocos.

Mas em cada uma dessas ligações vislumbra-se a ordem que nos obriga a ter um lindo dia e ser felizes. Como se não tivéssemos direito a estar mal.

Voltando a Luísa. Naquele dia, uma amiga lhe exigiu que acabasse com aquela tristeza porque era seu aniversário, que "nem pensasse" em sofrer.

É uma data na qual devemos cumprir um estranho desígnio: ser felizes porque estamos comemorando nossa chegada à vida. Mas quem disse que viemos ao mundo para ser felizes?

A vida é uma experiência a se comemorar?

Não esqueçamos as palavras de Freud: *não parece estar nos planos do universo que o ser humano seja feliz.*

Historiador, crítico literário, filósofo obcecado pela linguagem, o russo Mikhail Bakhtin – nascido em 1875 e morto em 1975 – explorou o "grotesco".

Em um de seus textos, descreve as célebres figuras de terracota de Kertch, conservadas no Museu L'Ermitage de Leningrado. Entre elas, destacam-se figuras de idosas grávidas que riem. O interessante é que tanto a velhice quanto a gravidez e o riso são grotescamente destacados. Como se o artista houvesse querido ressaltar que nada é perfeito. É a velhice grávida. A morte abraçando a vida, o processo ambivalente e contraditório de toda existência.

Esse trabalho de Bakhtin sobre o grotesco me faz recordar aquele momento confuso que surge diante do desejo-mandamento: "muitas felicidades". O limite entre o ano que termina e o que começa. O que não pôde ser e a esperança do que talvez venha a ser.

Mas o rito supõe que, terminada a música, chega o momento de fazer três desejos.

É interessante que se imponha um limite à capacidade de desejar. Três desejos. Ponto. Por que não mil? Porque não. Porque, como não se pode tudo, só temos três. Assim como acontece com os *efrits* que habitam as páginas de *As mil e uma noites*, esses gênios capazes de conceder o desejado, mas impondo um limite. Até os seres mitológicos são alcançados pela castração.

* * *

Há um conto infantil, "Coisas que passam", que pertence a uma grande artista, Isol Misenta, que, além de ilustradora, também é musicista.

Ela conta a história de uma menininha insatisfeita que deseja ter cabelo liso para ser mais bonita, um cavalo para ir à escola e cantar como os pássaros. Também sonha em ser mais alta, ter olhos verdes e ser forte como uma árvore. E, enquanto pensa em tudo que gostaria de ter, aparece um gênio que lhe diz que, por ela ter sido a pessoa que mais desejos pediu em um mês, ele foi mandado para realizar um deles.

Longe de se alegrar, a menina fica angustiada.

Como um? Só um? Não pode ser. E se pedisse errado? E se mais tarde percebesse que o que pediu não era o que mais queria? O gênio começa a perder a paciência e a apressa para que se decida. Então, os olhos da menina se iluminam e ela diz: *Já sei. Eu quero tudo.*

Diante desse estranho pedido, o gênio olha sua lista de presentes: trapézio, triciclo, escorregador...

— Ouça, menina — diz ele por fim —, seu desejo não está no catálogo, por isso, vou lhe dar o que eu tenho aqui: um coelho cinza.

E se despede.

A menina olha o presente que tem nas mãos. É um coelho lindo. Mas, de repente, sua expressão se ensombra e ela lamenta: *E se fosse azul?*

Sempre a falta. Nem todos os gênios do mundo poderão nos ajudar, porque cada desejo traz em si o germe de sua própria insatisfação. Somos seres desejantes e temos que aceitar que sempre teremos que conviver com a falta. Não importa quantos desejos possamos realizar, nunca serão todos.

É o saber não sabido que demonstram aqueles que nos convidam a pedir três desejos. Como se estivessem nos dizendo que tudo não é possível. Que ninguém alcança todos os seus sonhos.

Lembro um paciente que acreditava ter conseguido tudo o que desejava. Sentia-se tão bem, tão completo, que na festa de seu aniversário de quarenta e dois anos, quando chegou a hora de soprar a vela e pedir os três desejos, disse que não ia pedir nada. Só queria agradecer por ter conseguido tudo.

No ano seguinte, ao fazer quarenta e três, não tinha mais nada. A mulher que amava o deixara, o lar que tinha fora destruído e estava passando por um luto difícil de superar. Assim se lamentava no divã: "E pensar que, ano passado, em meu aniversário, não fiz nenhum desejo porque achava que não precisava de nada, que tinha tudo".

Ele estava enganado. Ninguém tem tudo. Ninguém jamais terá tudo.

Exploremos um pouco mais esse rito que se repete ano após ano e veremos que nesse binômio "muitas felicidades-faça três desejos" está a ilusão de encontrar a felicidade na satisfação dos desejos.

Se fosse assim, a felicidade seria impossível. Porque o desejo e a satisfação estão destinados a nunca se encontrar. Jamais formarão uma esquina. Aí está a armadilha.

É possível que consigamos satisfazer uma parte do que desejamos, mas é um engano confundir essa parte com o todo. Assim como os icebergs, os desejos têm uma ponta que se vê, que é o que julgamos desejar, mas escondem algo muito maior. Uma parte oculta que os sustenta e à qual nunca chegaremos.

A psicanálise convida o paciente a mergulhar para vislumbrar pelo menos a sombra "disso" que sustenta seu desejo. Algo do qual só poderá intuir uma parte muito pequena, porque sempre haverá um resto que fugirá à sua compreensão. O "númeno" kantiano, o "real" lacaniano: algo que jamais entenderemos, por mais que façamos análise. Freud chamou isso de *rochedo da castração*. Segundo ele, é até onde podemos chegar. Mas há um além. Um abismo, uma zona proibida.

* * *

A felicidade não é a felicidade do todo.

É disso que trata este livro. Aqui está o centro de nosso equilibrismo. No convite a pensar como habitamos o mundo de mãos dadas com a falta.

O mestre José Luis Sampedro morreu com mais de noventa anos. Em uma de suas últimas entrevistas, perguntaram-lhe se gostaria de reencarnar. Ele respondeu que não.

— Já vi como é este jogo e não é muito divertido.

Uma resposta inquietante. Se nos permitissem escolher a vida mostrando-nos de antemão do que se trata, é possível que muita gente hesitasse antes de aceitar. É como se nos avisassem que vamos ver um jogo de futebol que acabou zero a zero, sem situações de gol e com brigas na torcida. Por sorte, nem sempre a vida é assim. De vez em quando surge uma chaleira, um drible ou uma caneta que justifica nossa ida ao estádio.

* * *

Há situações enganosas, como o amor ou o sucesso, que por instantes geram uma sensação de completude. Uma sensação que dura muito pouco. Não que o amor ou o sucesso não possam perdurar, mas a sensação de estar completo logo desaparecerá. As pessoas bem-sucedidas sofrem e desejam. Os apaixonados também sofrem e desejam. Porque há uma busca que não pode parar.

Assim como o universo está em expansão, o desejo também está. Uma expansão que só acabará com a morte.

Sem saber, quem busca ter tudo busca morrer.

Embora sem buscá-lo, por outro caminho voltamos ao debate filosófico entre Oriente e Ocidente.

Há um livro maravilhoso, o *Dhammapada*, que guarda os ensinamentos de Buda. É comovente ler com que emoção é descrita a experiência de saciedade que vivem os monges que chegaram à iluminação.

De qualquer maneira, a humanidade parece estar mais perto da paixão de Cristo que da calma de Buda. Uma paixão às vezes desejante ou cheia de raiva, na qual a calma é apenas uma visita breve.

Nos evangelhos há uma cena na qual alguém critica Jesus por comer e beber demais. E o Cristo responde que não o julgue, que o deixe desfrutar desse instante porque muito em breve estará sofrendo.

Desfrutar.

Algo que costumamos confundir com o prazer, mas não é a mesma coisa.

O prazer, por mais que seja breve, costuma ser mais duradouro que o desfrute, o deleite. Talvez a felicidade seja um lugar onde alguém pode se sentar e descansar. Um momento em que se ignora a voz do Superego que ordena gozar. E, embora tenhamos dito que a felicidade é perecível, o deleite o é ainda mais. Os vícios são um claro exemplo. Trata-se de consumir drogas, tecnologia, álcool, marcas de tênis, celulares, sexo, comida, séries, o que for, só para voltar querendo mais e mais. Até o fim.

Essa não é uma experiência de felicidade.

Esse desfrute busca em vão satisfazer a exigência pulsional de ir em busca de tudo. É a desmesura. O gozo. "Isso" que pode matar um ser humano ou transformá-lo em um escravo.

Húbris e Sofrósina

Há mais de dois mil anos, os gregos já haviam compreendido que os excessos machucam. Por isso, esforçavam-se para atingir um estado de "sofrósina" (equilíbrio) e odiavam a "húbris" (desmesura). Os humanos não tinham direito a estados extremos de paixão, luxúria ou felicidade porque esse era um atributo dos deuses, que castigavam com dureza quem se atrevesse a tanto.

Eles achavam que toda desmesura punha em risco o equilíbrio universal. A beleza extrema, a crueldade ou a destreza desmedidas eram patrimônio divino e nenhum mortal podia almejar tais dons. Era uma intrusão no mundo perfeito dos deuses, portanto, um gesto imperdoável.

As *cáritas*, também conhecidas como *graças*, eram as responsáveis por distribuir a alegria e a felicidade no mundo mítico da Grécia antiga. Essas três irmãs viviam no Olimpo, não longe das musas, e costumavam acompanhar Atena (deusa da sabedoria), Afrodite (deusa do desejo e da sensualidade), Eros (deus do amor) e Dionísio (deus da paixão). Como vemos, para os habitantes da Grécia antiga, a felicidade não andava longe da arte, da inteligência, do amor e da paixão. Uma ideia muito atraente.

Mas a felicidade outorgada pelas graças tinha um limite, tanto em duração como em intensidade. Ninguém era feliz por completo nem para sempre.

Em *Ilíada* aparecem as *keres*, seres que, como as valquírias, se encarregavam de levar a alma dos heróis no momento de sua morte. Na mitologia nórdica, as valquírias eram representadas como entes alados de unhas afiadas e grandes dentes brancos. Vestiam-se de preto e sua aparência era assustadora. Seu manto estava manchado de sangue porque elas rasgavam os cadáveres e bebiam o sangue dos mortos.

Diferentemente de suas colegas nórdicas, as *keres* eram concebidas também como destinos possíveis.

Aquiles, por exemplo, teve a opção de escolher entre duas *keres*. Uma delas lhe oferecia uma vida longa e feliz, mas sem glória. A outra, uma existência breve e uma morte trágica em troca de um nome imperecível. É obvio que Aquiles escolheu a segunda opção, por isso ainda falamos dele. Mas por que tinha que escolher entre uma possibilidade ou outra? Não poderia ter uma vida longa, prazerosa e heroica ao mesmo tempo? Não. Teria sido uma desmesura. Tantas conquistas juntas eram um privilégio dos deuses.

Os gregos sabiam, como a psicanálise sabe, que o ser humano tem um limite. E precisa ter mesmo. Tudo não é possível. E, nos mitos, quem se atrevesse a tentar ultrapassar esse limite era castigado.

Nêmesis, deusa da vingança, era a responsável por castigar o excesso dos mortais, mesmo se fosse excesso de felicidade. E especialmente se o homem ou a mulher tivessem a infeliz ideia de alardear os seus dons.

Em *Metamorfoses*, Ovídio conta sua versão particular do mito de Medusa.

Segundo o poeta, Medusa era uma jovem sacerdotisa de Atena. Sua beleza era tão grande que o próprio Poseidon, senhor do mar, apaixonou-se por ela e a violentou no templo da deusa da sabedoria. Aparentemente, Atena achou que a beleza excessiva de Medusa havia sido a responsável pelo fato e a castigou pela profanação de seu templo. Transformou seu lindo cabelo em serpentes, a harmonia de seu rosto em um aspecto monstruoso e a doçura de seus olhos em um olhar demoníaco que transformava em pedra todo aquele que a olhasse de frente. Para completar a condenação, Perseu recebeu a tarefa de decapitá-la. O herói cumpriu sua missão, e do sangue de Medusa surgiram os dois filhos que ela havia engendrado em seu encontro com Poseidon: o gigante Crisaor e Pégaso, o cavalo alado.

Uma história de inveja e injustiça.

Não há razão para que nos surpreenda. Os deuses gregos, como todos os deuses, não se destacavam por sua justiça.

Já que falamos de Poseidon, vamos falar de um de seus filhos: Belerofonte.

Existem diferentes versões dessa história. Em uma delas, conta-se que Belerofonte matou seu irmão por acidente. Seguindo um costume da época, ele se exilou na cidade de Tirinto e se colocou à disposição do rei

Preto para se purificar de seu crime. O monarca o aceitou de bom grado e o ajudou na tarefa de expiar sua culpa. Mas ocorreu algo inesperado.

A esposa de Preto, a rainha Estenebeia, apaixonou-se perdidamente por Belerofonte e tentou seduzi-lo. O jovem, que era grato ao rei, negou-se a ceder às demandas da mulher, que, furiosa pela rejeição, decidiu se vingar. Falou com seu marido e acusou Belerofonte de tentar violentá-la. Preto acreditou no relato de sua esposa e ficou furioso. Mas não podia fazer justiça com as próprias mãos sem desrespeitar a lei sagrada que o obrigava a ser hospitaleiro com seus hóspedes. Então, pediu a Belerofonte que levasse uma carta selada ao rei Lobates, pai de Estenebeia. Era uma armadilha. Nessa carta, Preto solicitava a seu sogro que matasse Belerofonte.

Lobates recebeu Belerofonte e lhe ofereceu o tratamento que costumava dispensar às visitas. Foram nove dias de banquetes e celebrações. No décimo, o rei leu a carta e ficou atônito diante da mensagem.

Disposto a atender ao pedido de seu genro, encarregou Belerofonte de uma tarefa impossível: matar a Quimera, um mostro que exalava fogo e tinha corpo de leão, cauda de serpente e cabeça de cabra. Belerofonte aceitou a tarefa e, ciente do perigo de sua missão, consultou um adivinho, que lhe disse que só poderia vencer o mostro com a ajuda de seu irmão Pégaso, o cavalo alado.

Depois de uma intensa busca, encontrou-o; conseguiu segurá-lo com uma rédea de ouro que Atena lhe havia cedido para esse fim e, juntos, arremeteram contra a Quimera.

O combate foi árduo, até que Belerofonte introduziu sua lança na boca ardente do monstro. O fogo que ele exalava derreteu o metal e o queimou por dentro. O que parecia impossível aconteceu: Belerofonte matou a Quimera.

Lobates, inconformado, insistiu na tentativa de matá-lo e o enviou a missões tão difíceis quanto a anterior, mas Belerofonte sempre saía triunfante. Por fim, o rei decidiu se reconciliar com ele e lhe ofereceu a mão de outra filha sua, a princesa Filonoé. Agora, sim, a felicidade parecia ter chegado para o jovem. Porém, em vez de desfrutá-la, Belerofonte cedeu diante da húbris, a desmesura, e ganhou o ódio divino.

Ébrio de soberba por ter realizado tamanhas conquistas, propôs-se uma última façanha: montar em Pégaso e subir até a morada dos deuses. Então Zeus, príncipe do Olimpo, enviou uma vespa que picou Pégaso, o cavalo alado empinou, Belerofonte perdeu o equilíbrio e se precipitou no vazio.

Segundo algumas versões, ele morreu na queda. Segundo outras, ficou cego, ferido e acabou seus dias como um pobre vagabundo. Assim, o homem que havia vencido a Quimera e as amazonas, que domara Pégaso e conseguira subir ao céu, não quis ficar sentado experimentando o prazer de suas conquistas, de seu amor, da paz que por fim havia alcançado. Foi atrás de mais e, levado por seu gozo, acabou cego, ferido ou morto. O que se sabe ao certo é que não foi feliz.

Como dissemos, a palavra felicidade provém do latim *felicitas* e significa fértil ou fecundo. Mas também existe um termo grego que alude a ela: "eudaimonia" (εὐδαιμονία), que etimologicamente é composta de dois termos: *eu*, bom, e *daimōn*, espírito. Algo como estar bem espiritualmente, também traduzido como "bem viver".

Tendo isso em conta, poderíamos nos perguntar se realmente a felicidade é o fim de toda existência. Assumindo a dupla significação da palavra fim, façamos a pergunta: ser feliz é o sentido da vida?

Os mitos gregos parecem contradizer essa ideia.

Belerofonte havia alcançado a paz que merecia, mas quis mais. Desafiou os deuses e travou uma batalha cujo único destino era o fracasso. A soberba arruinou sua vida. Mas o que dizer de Medusa? Sacerdotisa fiel do templo de Atena, uma mulher que acaba sendo violentada e, como se não bastasse essa tragédia, é castigada com a maior crueldade. Qual foi seu pecado? Nenhum, exceto ser bonita demais para ser humana.

* * *

Em sintonia com o que vimos até agora, o teólogo Ernesto Brotóns Tena afirmou que o mundo grego distinguia dois modelos de felicidade: a que nos é permitida e a outra, que é privilégio dos deuses.

Uma perspectiva atraente. Pensar em uma felicidade permitida é supô-la limitada, carente.

Freud descreveu o ser humano como um deus com prótese.

Analogamente, podemos pensar que temos uma felicidade com prótese; uma felicidade fracassada. Então, digamos que a única felicidade que pode alcançar um sujeito atravessado pela incompletude, o desejo e a linguagem, um sujeito carente, barrado ($ujeito), é uma felicidade em falta, à qual chamaremos de "faltacidade". Diante disso, abrem-se dois caminhos. Ou aceitamos que nunca alcançaremos a felicidade ou reconhecemos que nossa felicidade nunca será total. Ela sempre terá que conviver com alguma falta.

Hesíodo pensava que deuses e humanos tinham a mesma origem, que eram, de alguma maneira, irmãos, com uma única diferença: aos humanos lhes fora negada a imortalidade. E com a morte veio o desconhecimento, o desafio de enfrentar um nada impossível de significar. Um nada que preenchemos com mitos e religiões para suportar a angústia que provoca.

Segundo Brotóns Tena, aqui está a diferença que determina a distância entre o divino e o humano.

> *A morte é própria do homem, apesar de querer envolver-se em um hálito de doçura e felicidade. Não somos mais que folhas, dirá* A Ilíada, *folhas que nascem, morrem e que o vento leva.*

Talvez seja isso mesmo. Talvez sejamos só folhas que o vento leva. Mas folhas que pensam, sofrem e lutam por seu destino, apesar de saber que nunca alcançarão tudo o que desejam, que sempre terão que conviver com uma quota de insatisfação.

Faz algum tempo, uma expressão entrou na moda: "Vamos conquistar tudo".

É uma expressão que até as pessoas que mais nos amam costumam pronunciar. Acham que, assim, estão nos estimulando, mas estão enganadas. Essa é uma máxima ruim. Não há frase que nos deixe mais em falta nem mandamento mais impossível de obedecer que conquistar tudo. Porque tudo não é possível. E é saudável que seja assim.

Em seu *O seminário, livro 20,* Lacan ressalta a importância de que exista algo que nos diga não.

Diferentemente da consciência, no Inconsciente não existe a noção de impossibilidade. Por isso, quando sonhamos, podemos ser pequenos e grandes ao mesmo tempo, falar com pessoas que já morreram, estar em diversos lugares ou voar. O Inconsciente é um mundo estranho com regras particulares. Mas, quando estamos acordados e conscientes, temos que aceitar essa noção de impossibilidade. Então, por exemplo, como no mundo real não podemos voar, evitaremos pular do telhado de um edifício, ou teremos que suportar a dor de não reencontrar nossos mortos queridos.

Às vezes, quem sofre algum transtorno psíquico grave alucina e acredita se encontrar com alguém já morto. Pode vê-lo e falar com ele, porque não tem noção de impossibilidade. Nesses casos, dizemos que essa pessoa está delirando, porque não aceita que tem limites que não pode evitar.

* * *

Apontamos que cada ser humano habita um lugar e um tempo que lhe impõem desafios que deve enfrentar. Coube a nós a era da tecnologia. Uma época em que tudo parece muito simples, em que as respostas estão ao alcance da mão e podemos nos encontrar virtualmente com amigos que estão a milhares de quilômetros de distância. Contudo não habitamos só a era da tecnologia, mas também a da desmesura. Uma época que nos incita a conquistar tudo e afirmar que querer é poder e que basta desejar as coisas para atraí-las. Uma cultura que não aceita o "não", sem entender que é justamente esse "não" que nos separa da loucura.

De qualquer maneira, não devemos acreditar que só os doentes graves negam a impossibilidade. Como disse o psicanalista Marcelo Barros:

Não é preciso ser psicótico para estar louco, para organizar uma festa para cem pessoas no meio de uma pandemia e compartilhar as taças. Não é necessário. Há muitas maneiras de insultar Deus.

Insultar Deus.

Em *A peste*, Albert Camus sugere a ideia de que o ser humano se recusa a aceitar a impossibilidade.

É isso que pretende aquele que nega que tudo não é possível, que não aceita os limites, as barreiras que se impõem entre ele e seu desejo, ou seus caprichos. Então, avança.

É o que faz um estuprador, por exemplo. Nega que uma pessoa tenha direito a dizer não. Rejeita a rejeição, o "chega", o "não quero"; renega a "castração" (tudo não é possível) e arremete. É evidente a reação de desprezo que isso nos provoca, porque se trata de um comportamento pervertido.

À sua maneira, esta época tenta nos perverter.

Pede que neguemos nossas impossibilidades, que pensemos que, se queremos alguma coisa, podemos conseguir, que é questão de tentar sem jamais se dar por vencido. Mas devemos nos transformar em assediadores incansáveis? Quantas vezes uma pessoa tem que nos rejeitar para que admitamos que ela não quer estar conosco e a deixemos em paz?

A ilusão de conseguir tudo implica a possibilidade de uma completude, de chegar ao esvaziamento do desejo. Um vazio mortífero que não é felicidade de jeito nenhum.

Quando lemos que alguém importante arruinou sua vida com as drogas, o jogo ou o álcool, nós nos perguntamos por que fez isso se era uma pessoa que "tinha tudo". Por que se destrói, então? Justamente por isso. Porque é possível que, em algum lugar dentro dela, tenha se instalado a crença de que realmente tinha tudo e não havia mais nada a desejar. Nesses casos, a vida se torna um lugar terrível. Para ter sentido, a vida requer um vazio, uma ausência que gera um movimento ao qual chamamos desejo. Uma falta que abre a possibilidade de ser feliz. *Faltacidade.*

É claro que essa falta não pode ser total. Se assim fosse, o peso da frustração seria insuportável. Mas, como dissemos, algo tem que faltar para que possamos viver.

Conta-se que Filipe da Macedônia, pai de Alexandre Magno, no mesmo dia do nascimento de seu filho soube da vitória de um de seus exércitos e do sucesso de seus cavalos em uma corrida muito importante. Preocupado com tantas conquistas, retirou-se do olhar dos outros, ajoelhou-se e suplicou aos deuses que lhe enviassem uma desgraça pequena.

Certamente ecoava em sua mente o conselho escrito na entrada do oráculo de Delfos: *nada em demasia*.

À sua maneira, Filipe pedia uma falta menor.

Um pedido desnecessário, porque a falta já vem conosco, é estrutural. Quem acredita ter tudo se equivoca e, às vezes, paga caro por sua desmesura.

* * *

Alejandro Dolina estava fazendo sua apresentação na Feira do Livro de Buenos Aires. O salão estava lotado e todo mundo o escutava muito atento.

Em dado momento, a porta do salão se abriu. Ninguém se voltou para ver o que era, até que Alejandro se interrompeu e, com olhos emocionados, disse:

— Senhores, vamos nos levantar. Acabou de entrar um escritor, o sr. Adolfo Bioy Casares.

Foi a única vez que o vi, mas guardo a lembrança daquela figura alta e magra que avançava sorridente.

De todas as suas obras, *O sonho dos heróis* é minha preferida.

Trata-se de um romance breve que tem como protagonista Emilio Gauna, um rapaz humilde da Buenos Aires do início do século XX.

Gauna é uma pessoa educada e querida por todos. Um dia, no ano de 1927, em uma loja de seu bairro, adquire um bilhete de loteria com o qual ganha uma soma de dinheiro considerável. Dada a proximidade do carnaval, o jovem decide gastá-lo nas três noites de festa com seus amigos. Um deles propõe que convidem também o dr. Valerga, uma personagem obscura, de bastante idade.

Na obra, percebe-se que o título de "doutor" é afetado, fingido. Que se trata de uma atitude de respeito e temor dos jovens para com esse homem cujos modos têm mais a ver com os de um malandro que com os de um profissional.

Depois daquelas noites de alegria desenfreada, Gauna acorda sem se lembrar de quase nada do que aconteceu. Conserva apenas algumas imagens que de tanto em tanto o visitam: um salão de baile, uma mulher fantasiada de dominó, uma discussão, uma faca.

Alguma coisa, porém, está diferente. Algumas pessoas não estão mais no bairro e ninguém o olha com afeto. Agora, olham para ele com temor.

Na tentativa de descobrir o que aconteceu, ele fala com o bruxo Taboada, um bom homem que o aconselha a esquecer o assunto para não despertar a tragédia. Em uma de suas visitas, Gauna conhece a filha do vidente, Clara, por quem se apaixona e com quem se casa pouco depois. Mas, apesar desse amor, Emilio Gauna não se sente feliz.

De vez em quando volta alguma cena, um sonho perturbador e a dúvida que o atormenta: o que será que aconteceu naqueles dias de carnaval? Porém, sob a influência de Clara e do pai dela, ele se afasta de seus velhos amigos e recupera uma vida feliz. Até que Taboada morre. Então, algo muda.

Contrariando o desejo de Clara, Gauna volta a se relacionar com seus amigos. Passaram-se três anos. A necessidade compulsiva de descobrir o que foi que aconteceu naquelas noites fica intolerável e ele toma uma decisão.

Na véspera de carnaval, como havia feito naquela época, volta à mesma loja, compra novamente um bilhete e ganha outra vez na loteria. Isso só pode ser um sinal. Convida de novo seus amigos e o dr. Valerga e sai decidido a repetir cada movimento realizado três anos antes. À medida que faz isso, o passado vai voltando pouco a pouco à sua memória e o situa diante de uma verdade inesperada. Ele vê a si mesmo contemplando os atos de crueldade que seus amigos realizam por ordem do doutor. Em um baile, reencontra a mulher fantasiada de dominó e comprova que é ninguém mais, ninguém menos que Clara. Perde-a no meio da multidão e um mal-entendido absurdo gera uma briga entre Valerga e ele. Uma briga que, três anos antes, o bruxo Taboada havia interrompido. Mas Taboada não está mais vivo, e o que começou com uma discussão boba acaba em um duelo.

Bioy escreve:

> *Em uma clareira no bosque, cercado pelos rapazes como que por um cerco de cães hostis, enfrentando a faca de Valerga, ele era feliz.*
>
> *Nunca havia imaginado que sua alma fosse tão grande nem que houvesse no mundo tanta coragem [...] Serafín Taboada lhe havia dito uma vez que a coragem não era tudo; Serafín Taboada sabia muito e ele pouco, mas ele sabia que é uma desventura suspeitar de que se é covarde. E agora, ele sabia que era valente.*

Ali, diante dele, está a resposta à dúvida que o atormenta há tanto tempo. Uma resposta que ele precisava saber. Só por isso está agora nesse bosque arriscando a vida diante de um rival muito mais hábil e experimentado. Brigam apenas para ver qual dos dois é "mais homem".

Ele não precisa de outro motivo. Afinal de contas, *a morte, para ter sentido, deve ser gratuita.*

E, sem se importar com Clara, Taboada ou a vida, o duelo continua.

> *Vagamente, suspeitou já ter estado naquele lugar, àquela hora, naquela clareira, entre aquelas árvores cujas formas eram tão grandes na noite; já ter vivido aquele momento. Soube, ou meramente sentiu, que por fim retomava seu destino e que sua sina estava se realizando. Isso também o conformou. Não só viu sua coragem,*

> *que refletia com a lua na faca serena; viu também o grande final, a morte esplendorosa.*

A morte esplendorosa. Destino ansiado pelo gozo.

É o que encontra quem acorda de manhã sem saber o que fez na noite anterior, quem lhe deu banho e o pôs na cama. O fim de uma noite de desmesura, não de prazer. Noites às quais nos convida este tempo que tudo tenta conquistar sem aceitar um limite. Como Gauna, que acorda certa manhã e vê que seus vizinhos o temem, que tudo está diferente e se pergunta o que aconteceu.

O jovem precisa reconstruir esse passado que foge à sua memória, mas, em vez de se analisar, recordar e reelaborar o acontecido, decide repeti-lo. Caminho errado. Caminho ao qual a pulsão de morte nos impulsiona: a repetição. E descobre que, seguindo a voz imperativa do dr. Valerga (O Superego), aquele grupo de amigos havia tentado conquistar tudo. Excessos, violência, abusos e brigas, até chegar à morte.

Dissemos que tudo não é possível. Algo tem que faltar, por mais que isso pese em nós. É a "pequena" desgraça que Filipe da Macedônia pedia, a finitude que nos diferencia dos deuses e nos transforma nessas folhas que nascem, morrem e são levadas pelo vento.

Alguns acreditam que serão felizes quando tiverem tudo.

Enquanto Gauna esteve com Clara e o bruxo, sem seus amigos, sem suas lembranças e sem seu passado, foi feliz. Quando recuperou tudo – dinheiro, amigos, memória e um líder sem freios –, encontrou a morte.

Disse Chesterton:

> *A visão depende sempre de um veto. Todas as coisas enormes que nos são concedidas dependem de uma única coisinha que nos é proibida.*

Uma análise se propõe a legalizar o Inconsciente e aceitar a castração. Ou seja, compreender que fazemos coisas cuja causa ignoramos e que nunca conseguiremos tudo o que desejarmos.

Esta época globalizada, tecnológica e cruel é reticente a essa ideia, por isso, é reticente à psicanálise e propõe técnicas que buscam resultados em vez de verdades, e vencedores em vez de $ujeitos desejantes. Mas querer tudo e não aceitar um "não" como resposta, longe de ser uma atitude que nos aproxima da felicidade, leva-nos à loucura.

É preciso desmascarar esse mandamento perverso do sistema em que vivemos, porque, na verdade, a frase "desfrute mais" encobre outro tipo de ordem: "consuma mais". Um celular melhor (que em dois meses será obsoleto), mais umas horas de jogo (apesar de nos isolar dos outros), mais uma taça de álcool, e muitas metas, que, por serem inalcançáveis, acabam nos condenando à frustração. E movidos por esses imperativos culturais vamos atrás de mais, até irmos "atrás de tudo", inclusive de nós mesmos.

Assim começamos um caminho no qual ser feliz é impossível. A época oferece e ordena, e mesmo comprando tudo o que está ao nosso alcance e acatando todos os seus mandamentos, sempre chegará uma oferta nova, mais um propósito para nos mostrar que ainda não alcançamos o que se espera de nós. Nessa roda impossível de deter, anula-se o $ujeito desejante que nos percorre e perdemos de vista quem somos, ficamos alienados no ideal que a cultura nos ordena alcançar. Ideais que não são ofertas, são ordens. Vozes do Superego social que nos intima: opine, compre, seja. Assim vamos pela vida, sustentando acaloradamente opiniões que não são nossas, esforçando-nos para comprar coisas que outros escolheram e tentando ser sem saber o que desejamos. E, sem perceber, nós nos isolamos aos poucos atrás das coisas, das redes. Enfim, ficamos sozinhos na tentativa inconsciente de cumprir esses mandamentos.

* * *

Quando eu era pequeno, a campainha de minha casa tocava várias vezes por dia. Eram amigos que iam me buscar para brincar. Eu saía com eles para tocar mais campainhas, e logo éramos dez ou doze crianças a compartilhar o tempo. Com uma única bola jogávamos todos.

Hoje, doze crianças requerem doze computadores, tablets ou celulares para continuar sozinhos no quarto fingindo uma comunicação que, na verdade, não existe. Mas o que importa? Se, afinal de contas, "a felicidade depende de nós".

Freud afirmou que os sintomas seguem a modalidade da época. Ou seja, todo $ujeito deve enfrentar os desafios apresentados pelo momento histórico que habita. E este nosso momento apresenta algumas complicações. Entre elas, o incentivo à desmesura e ao individualismo.

Os sete anos de ditadura civil-militar marcaram uma das épocas mais obscuras da história argentina. Porém, ao falar dela, não falta quem diga: "Eu não sofri tanto com os militares"; "Comigo não fizeram nada".

Essas pessoas que começam dizendo "eu", ou "comigo", colocam-se como centro do mundo e por isso não se importam com os campos de concentração, as torturas e os desaparecimentos. E esse individualismo é, hoje, mais incentivado que nunca.

A realidade virtual é uma confissão descarada da tentativa de nos jogar em um lugar onde estejamos completamente sozinhos, em um universo próprio que renuncia ao entorno.

Com a realidade virtual tudo desaparece. A sala de nossa casa pode se transformar em um bosque ou um pico nevado, e nem sequer é preciso um companheiro para lutar com espada, porque podemos fazê-lo sozinhos. Em casa, sem rival. E sem espada.

Observando de fora, perguntemos: que sensação nos provoca ver uma pessoa com um capacete, mexendo o braço, agachando-se e investindo contra inimigos inexistentes?

As brincadeiras da infância fazem algo parecido. As crianças apelam à imaginação, a suas fantasias, e, longe de fugir da realidade, assim simbolizam seus temores e anseios. Em vez de afastá-las dos outros, essas brincadeiras conectam as crianças com o mundo e lhes permitem transmitir desejos e angústias que ainda não conseguem comunicar com palavras.

Os analistas diferenciam a "realidade psíquica" da "realidade objetiva" e depositam seu interesse na primeira, mas de maneira nenhuma pretendem o aniquilamento do mundo real.

A psicanálise pondera um mundo com outros, mesmo que seja para se desentender. Por isso, recusa o convite ao egocentrismo, que não é solidão, e sim ignorância da existência do outro.

* * *

Segundo a mitologia grega, enquanto morria, Héracles (Hércules) ordenou a seus amigos que o queimassem em uma pira para evitar a intensa dor que sentia. Todos se recusaram, exceto Filoctetes, única testemunha da morte do herói que lhe fez jurar que jamais revelaria o lugar em que estava aquela pira. Mas Filoctetes quebrou o juramento.

Os deuses o castigaram por sua traição, fazendo que uma das flechas que Héracles lhe havia deixado se cravasse em seu pé. Como sabemos, aquelas flechas estavam impregnadas do sangue da Hidra de Lerna, que, quando não causava a morte, condenava a vítima a sofrer dores terríveis.

Em consequência do ferimento, produziu-se em Filoctetes uma chaga incurável que exalava um odor nauseabundo, e, por isso, seus companheiros, que iam combater Troia, decidiram abandoná-lo na ilha de Lemnos, onde viveu dez anos na mais absoluta solidão (o mitólogo Pierre Grimmal afirma que, mais que por seu odor, Filoctetes foi abandonado pelos gritos que a dor lhe arrancava e ele não conseguia reprimir).

Conta-se que o deus Apolo foi ajudá-lo. Fez que mergulhasse em um sono profundo enquanto Macaão, médico que acompanhou a Guerra de Troia, cortava a carne morta com uma faca e lavava a chaga com vinho, para depois aplicar uma planta secreta que o filho de Asclépio havia recebido do centauro Quíron.

Tempos depois, já curado, Filoctetes morreu lutando contra nativos bárbaros. Nessa oportunidade, uma flecha comum lhe atravessou o peito.

Aponto nessa história a passagem na qual decidem abandonar o homem por não suportar seu sofrimento.

Sempre me impressionou a impossibilidade que algumas pessoas têm de se aproximar de uma pessoa doente, que cheira à morte, e a dificuldade de dar ouvidos aos gritos de dor.

É o que faço todos os dias no consultório. Empresto minha escuta, minha palavra e minha presença para conter os gritos, às vezes silenciosos, que surgem da angústia e da incompreensão.

Faz parte do desafio que um analista enfrenta: arrancar o solitário de sua ilha de sofrimento.

Dissemos que todo mundo deve enfrentar os desafios de sua época. E estes são tempos em que a dor alheia repele. Mais cedo ou mais tarde, teremos que nos aproximar dela, porque a felicidade sem os outros não é possível. E muitas vezes, esses outros estão sofrendo.

Falamos dessa tendência de unir felicidade com sucesso. Então, poderíamos deduzir que o fracasso está unido ao sofrimento.

É uma postura estranha, especialmente se levarmos em conta que na vida sempre se fracassa mais do que se vence. Apesar disso, a apologia do sucesso transformou a derrota em uma vergonha.

Isso é uma falácia.

Nem sempre o sucesso nos deixa orgulhosos e felizes. Nem a derrota deveria nos condenar à infelicidade.

A batalha de Vuelta de Obligado é uma derrota honrosa que nos faz abrir um sorriso. Em contrapartida, a Guerra contra o Paraguai é uma vitória vergonhosa que nos obriga a baixar o olhar.

A maneira como se alcança um fim deveria ser relevante. Porém, o imperativo social nos convida a caminhar em outra direção.

Se, como disse Michel Foucault, a verdade é a verdade do poder, podemos deduzir quem estabeleceu essa falácia e para quê.

Desde o início deste ensaio nos perguntamos pela felicidade. Vamos dizer algo a respeito: não é possível ser feliz quando se sente culpa.

Afirmar que a felicidade depende só de nós mesmos é um argumento que subscreve à teoria da meritocracia. Uma perspectiva perversa que elude a responsabilidade de um sistema injusto e deixa a culpa do lado de quem não pôde alcançar o ideal.

IV
A FELICIDADE EM TEMPOS DE DESFRUTE

O sucesso é uma coisa repugnante. Sua falsa semelhança com o mérito engana os homens de tal modo que, para a massa, o triunfo tem quase o mesmo rosto que a superioridade.

Victor Hugo

1
FELICIDADE E SUCESSO

O autor de *Os miseráveis*, romance que levei em minha primeira viagem dominical de trem, não foi só um escritor genial. Foi um lutador. Parafraseando João Batista, foi uma voz que gritava no deserto. Com suas obras e sua militância política, ergueu-se em defesa de quem padecia injustiças. Os pobres, as mulheres.

É difícil conseguir a felicidade do homem com o sofrimento da mulher.

Como fizemos com Freud, contextualizemos essas palavras, saídas da boca de um homem nascido em 1802, e compreenderemos a importância de seu pensamento para enfrentar as desigualdades da época.

Quando era pequeno, eu achava que "miserável" era um insulto. Foi com essa ideia que peguei aquele livro.

Longe do que acreditava, Victor Hugo me levou a percorrer a vida dos condenados à miséria. De mãos dadas com ele, aprendi a amar os "miseráveis" e a me comover com suas histórias. Também me ajudou a descobrir um "falso amigo".

Vamos desmascarar outro deles: um que a teoria da meritocracia quer fazer sentar à nossa mesa: o sucesso.

Sucesso não é mérito.

A palavra "êxito" – ou sucesso – provém do latim *exire*, formada por *ex* (fora) e *ire* (ir). Ou seja, ir para fora, sair. Mas também era utilizada para indicar "fim", "termo". A língua inglesa a traduziu como *exit*, palavra que vemos em todos os aeroportos do mundo para indicar a saída. Também costumamos utilizá-la habitualmente em referência a alguém que saiu de nossa vida ou a uma relação que chegou ao fim: um "ex".

No ano de 1732, foi registrada em castelhano com seu significado inicial, e com o tempo, foi mudando, até encontrar seu sentido atual: "saída feliz". Final feliz. Ou seja, meta alcançada.

Por outro lado, "mérito" provém de *meritus*, particípio passado de *mereō*: merecer.

É evidente que há uma grande distância entre algo que termina e algo que merecemos. Às vezes para o bem, às vezes para o mal, mas nem sempre as coisas terminam como deveriam.

A meritocracia tenta nos confundir com esse "falso amigo" e nos fazer acreditar que o sucesso, o final feliz, tem a ver com merecimento.

Isso não é correto.

A vida não sabe de justiça.

Olhando ao redor, comprovaremos que nem sempre ganham os melhores. O mundo está cheio de vencedores sem mérito e meritórios sem sucesso. E de gente com sucesso que é infeliz.

O sistema reinante é cruel e, assim como a vida, não se importa com os merecimentos. É um modelo perverso que exige só o sucesso como fim. Seu imperativo é: "vença". Um mandamento que esconde o resto da frase que a Gestalt completa: "não importa como". Aqui está a perversidade da cultura que encontra seu referencial interno na figura tirana do Superego que encarna uma lei insensata. E, como o sistema impõe "vença", o Superego ordena: goze.

Assim, aqueles que alcançaram a meta são expostos como exemplo. Muitos venceram com armas nobres, outros nem tanto, e há quem tenha apenas contado com um golpe de sorte.

O acaso é um tema que vale a pena considerar quando se pensa na felicidade.

Os seres humanos não controlam tudo. Não estabelecemos certezas e caminhamos tranquilos sobre elas. Ao contrário, temos dúvidas e oscilamos entre o possível e o impossível.

Borges ironizava dizendo que *o que chamamos de acaso é nossa ignorância da complexa maquinaria da causalidade.*

Assim como Borges, Voltaire afirmou que acaso era uma palavra sem sentido porque *nada pode existir sem causa.* Algo parecido pensava Henri Poincaré: *O acaso é apenas a medida da ignorância do homem.*

Da calçada oposta, Eurípides, um dos três grandes poetas trágicos da Grécia antiga, disse: *Afirmar que os deuses existem não será apenas nos enganarmos com mentiras e sonhos irreais, visto que só o acaso e a mudança controlam o mundo?*

Como ele, Nietzsche nos convida a *livrar todas as coisas da servidão de um fim. Nas coisas encontro esta segurança bem-aventurada: que todas dançam com os pés de acaso.* Sêneca também abraça essa visão: *Realmente, o acaso tem muito poder sobre nós, posto que, se vivemos, é por acaso.*

Stephen Hawking disse uma vez: *Notei que mesmo aqueles que afirmam que tudo está predestinado e que não podemos mudar nada olham para os dois lados antes de atravessar a rua.*

Em meio a essa disputa, em plena dúvida, Alejandro Dolina se pergunta: *Acaso é o nome de nossa ignorância ou o universo contém episódios imprevisíveis?*

Talvez o acaso seja mais um dos nomes de Deus. Um deus estranho que pode interromper tudo: a felicidade, a tristeza, o amor e a vida.

* * *

Ésquilo foi um dramaturgo nascido em Elêusis em 525 a.C. É considerado o fundador da tragédia grega. Escreveu umas noventa obras, mas só sobreviveram sete, a maioria referente ao mundo mitológico. Além disso, era soldado. Combateu contra os persas em Maratona, Salamina e Plateia.

No ano de 456 a.C., já velho, Ésquilo passeava por uns caminhos próximos a Atenas quando uma águia que voava sobre ele deixou cair uma tartaruga que havia capturado. O animal caiu na cabeça do dramaturgo e o matou.

Ésquilo poderia ter andado por outro caminho, ou a ave por outros céus.

Destino, merecimento ou acaso?

Guillaume Le Gentil nasceu na França em 1725.

Instado por sua família a vestir o hábito, estudou teologia com os jesuítas parisienses, onde conheceu Joseph Delisle, um famoso astrônomo e cartógrafo. Entusiasmado com o que aprendia ao lado dele, Le Gentil tomou a decisão de se dedicar ao estudo da astronomia.

Entrou na Academia de Ciências em 1753. Poucos anos mais tarde, já havia ganhado uma importante reputação. Foi nessa época que começou a planejar uma expedição internacional com a missão de medir a distância entre a Terra e o Sol.

Para isso, era imprescindível aproveitar o "trânsito de Vênus", um fenômeno astronômico que ocorre com uma periodicidade estranha: quatro trânsitos a cada 243 anos. Dois deles separados por oito anos e outros dois por mais de cem. O último par de trânsitos havia sido em 1631 e 1639, os próximos seriam em 1761 e 1769.

Mais de cem cientistas partiram de diferentes partes do globo com a intenção de aproveitar essa oportunidade única para conhecer com exatidão a distância entre a Terra e o Sol. Um deles foi Guillaume Le Gentil.

O astrônomo decidiu que o ponto ideal para tomar as referências era Pondicherry, uma região da costa oriental da Índia, naquela época parte do reino da França. Partiu com quinze meses de antecedência, tempo de sobra para se assentar e instalar os aparelhos de medição. Mas os ventos desviaram a trajetória da embarcação e ele quase naufragou. Mesmo assim, conseguiu chegar a seu destino, mas não pôde desembarcar devido à situação política local: os ingleses haviam invadido a região.

Obrigado a fazer suas medições dentro de um barco avariado e em constante movimento, seus cálculos não serviram para nada.

Sabendo que o fenômeno se repetiria oito anos depois, escolheu um novo destino: Manila, capital das Filipinas, para onde partiu sem hesitar. Porém, em 23 de outubro de 1766, o monte Mayon, um vulcão que estava inativo havia 150 anos, entrou em erupção e Le Gentil teve que fugir dali com urgência.

Após a assinatura do Tratado de Paris, Pondicherry, seu destino original, tornou a estar sob governo francês e o astrônomo retomou seu plano inicial.

Estabelecido na Índia desde o início de 1767, dessa vez teve tempo de sobra para se preparar. Construiu um observatório, instalou os instrumentos, revisou tudo criteriosamente e esperou a data indicada.

Aquele dia amanheceu tão luminoso quanto os anteriores, mas, ao chegar o momento ansiado, uma nuvem, uma única e imperturbável nuvem, ficou parada diante do Sol durante as quase três horas de duração do fenômeno e Le Gentil não pôde observá-lo.

No povoado só se ouviam seu pranto e seus palavrões.

Depois de nove anos de viagens, vicissitudes e infelicidades, o segundo trânsito de Vênus passou sem que ele pudesse anotar nem uma única referência válida. Nunca mais poderia tentar. Se os cálculos estivessem corretos – e estavam –, o trânsito seguinte aconteceria em 9 de dezembro de 1874. Faltavam mais de cem anos.

Le Gentil deixou escrito em seus diários:

> *Viajei mais de dez mil léguas, atravessei uma multidão de mares, exilando-me de minha própria terra, só para testemunhar uma nuvem fatal [...] que me afastou dos frutos de meus sofrimentos e fadigas.*

Nove anos de esforço, mais de dez mil léguas percorridas e bastou uma única nuvem para que, em vez de sucesso, Guillaume Le Gentil encontrasse o fracasso.

Destino, merecimento, acaso ou obsessão?

Porque não só o acaso participou dessa história. A obsessão também teve seu papel. Essa obsessão que pode nos fazer mal quando não aceitamos a castração.

Sem apelar para grandes façanhas, na vida cotidiana encontramos esse tipo de comportamento.

Muitas pessoas ficam obcecadas por conseguir certa coisa e insistem além do razoável, mesmo que a vida mostre que não vão alcançar o que desejam. Apaixonados que se negam a admitir que o amado já não os ama e insistem na tentativa de recuperar o amor perdido, sem aceitar que o retorno é impossível. Com um comportamento patológico, tomam o partido de seu desejo e negam os dados da realidade. E, assim, persistem em uma batalha inútil.

Não é verdade que querer é poder. Aceitar a derrota não é a mesma coisa que se dar por vencido. Não se trata de um olhar conformista, e sim da capacidade de aceitar a parte mais dolorosa da condição humana: tudo não é possível.

Uma análise também trata disso. De levar o paciente a aceitar seu ponto de castração, a enfrentar o mandamento superegoico que o impulsiona a seguir a qualquer custo, mesmo que se machuque, que se humilhe. Mesmo que morra tentando conseguir o que não vai acontecer.

Isso não é acaso, não é destino nem merecimento. É gozo. E se chama pulsão de morte.

Existe um conto persa, muito breve, chamado "Os três príncipes de Serendip".

Serendip era o nome árabe de um reino antigo que mais tarde foi chamado de Ceilão e hoje é o Sri Lanka.

O conto narra as descobertas casuais que esses príncipes iam realizando enquanto viajavam. Daí saiu o termo cunhado para se referir a achados involuntários: *serendipity*. Termo que, em português, se traduziria pelo anglicismo *serendipidade*.

Talvez a descoberta casual mais importante tenha sido a que realizou o médico escocês Alexander Fleming.

Fleming era um homem muito desorganizado, o que para sua descoberta foi uma vantagem.

Ao que parece, o médico tinha que concluir uns experimentos que seu amigo Melvyn Price havia deixado inconclusos ao abandonar o laboratório que compartilhavam. E lá estava Fleming, no meio de sua bagunça, cercado de placas com culturas de estafilococos, quando, de repente, viu que uma delas havia se contaminado com mofo. Observou-a e viu que, nas áreas onde o mofo crescia, os estafilococos haviam desaparecido. Retirou uma amostra e a guardou para futuros estudos. Foi sua primeira cultura com o fungo Penicillium.

Fleming deu o nome de penicilina àquela substância desconhecida que havia eliminado as bactérias.

Ele reconheceu imediatamente a relevância daquele achado, mas seus colegas não deram importância. O antibiótico, porém, despertou o interesse do governo dos Estados Unidos, que aceitou financiar suas pesquisas. Na época, travava-se a Segunda Guerra Mundial e aquela descoberta poderia ser vital. E foi. Tanto que, no ano de 1945, Alexander Fleming ganhou o Prêmio Nobel de Medicina pela descoberta da penicilina.

Muitos ficaram furiosos. Afirmavam que Fleming não devia receber o prêmio, pois somente havia feito uma observação casual sobre um erro que havia cometido.

Era verdade. Mas, como afirmou La Rochefoucauld, por mais que os homens se vangloriem de suas grandes obras, *estas frequentemente não são o resultado de um nobre propósito, e sim efeito do acaso.*

Prêmio Nobel. Reconhecimento. Sucesso.

Merecimento ou acaso?

É um erro acreditar que toda conquista ou derrota é merecida.

Com frequência, evitamos reconhecer a importância do acaso porque ele nega a ideia de que tudo depende de nós e impõe um limite à soberba humana.

Gostando ou não, a vida é – em grande medida – casual, e existem coisas que não podemos controlar. Mas vale a pena o esforço de tentar o merecimento, porque, como disse Pasteur: *o acaso só favorece os espíritos preparados.*

* * *

Dissemos que toda pessoa habita um lugar e um tempo que lhe impõe desafios. É evidente que viver agora e na Idade Média não é a mesma coisa. Mas não precisamos ir tão longe para notar a diferença, porque viver aqui há cinquenta anos também não era igual a viver hoje, na era da tecnologia, quando tudo parece tão simples, quando não é mais necessário ir a uma biblioteca e passar horas pesquisando, porque basta formular a pergunta no celular para obter uma resposta instantânea. Quando um GPS nos guia facilmente a lugares que desconhecemos e até podemos nos apaixonar e manter relacionamentos sem presença. Sem corpo.

Quem pode negar os benefícios da tecnologia? Mas não nos enganemos. Esta época também nos impõe desafios muito difíceis de encarar.

Dissemos que Freud distinguia três fontes das quais provinha o sofrimento humano. A primeira é nosso corpo, que às vezes se cansa ou adoece. Um corpo condenado a envelhecer e perecer. A segunda é o mundo, com suas catástrofes (tsunamis, secas, inundações, aquecimento global ou terremotos). E a terceira, talvez a mais difícil, é a relação com outros seres humanos. Pessoas que podem nos amar, odiar, se afastar de nossa vida, dizer coisas que machucam ou simplesmente morrer. E, nos dias de hoje, o poder dessa terceira fonte para gerar sofrimento amplificou-se de maneira exponencial.

Quando as Sagradas Escrituras profetizaram que o fim do mundo seria presenciado por todos e em todos os lugares, que algumas vozes se ergueriam e seriam escutadas em cada canto do planeta, muitos interpretaram isso como uma metáfora ou fruto de um delírio místico. Como poderia um habitante do Egito escutar uma voz que se erguesse em Creta?

O que então parecia impossível, hoje é uma realidade.

Os avanços tecnológicos, e especialmente as redes sociais, já nos permitem ver em tempo real o que acontece, já não mais no Coliseu romano ou no Pentágono, mas na casa de cada pessoa em qualquer lugar do mundo.

Essa possibilidade de trocar experiências, compartilhar informação, conversar e se comunicar a distância gera a falsa ideia de uma aproximação verdadeira. Como se o mundo global houvesse apagado as diferenças e sem importar se nascemos em Hong Kong ou em Montevidéu, todos os seres humanos temos os mesmos problemas e as mesmas necessidades. E isso é, ao mesmo tempo, uma verdade e uma falácia.

A falácia é negar as diferenças que não podem ser ignoradas. Pensar que a história, a geografia e o passado de um povo não incidem sobre os valores e a idiossincrasia dos indivíduos, que tanto faz ter ou não vivido o horror de Hiroshima. Não é verdade. Os homens cujos povos sofreram injustiças, tragédias ou torturas são diferentes dos que estiveram livres desses tormentos. Há algo que percorre o pensamento, é transmitido e se materializa a partir da palavra.

Se algo que a psicanálise nos ensinou é que cada sujeito é único. Sua história pessoal, seus mecanismos de defesa, sua maneira de se relacionar com seus desejos e seu gozo fazem dele um habitante solitário da realidade psíquica pela qual deve se responsabilizar.

Por mais que os fundamentalistas da ciência afirmem que os mesmos estímulos químicos geram reações iguais em todas as pessoas, aqui estamos nós, os $ujeitos desejantes, para desmentir isso. Cada um enfrenta seus medos, seus lutos e seus sonhos como pode. E cada um pode diferente.

Qual é a parte verdadeira dessa ideia que o mundo global sustenta? O que é que nos iguala?

Algo que antecede as redes sociais e a era das comunicações. O fato de que todos nós, independentemente da nacionalidade, idioma ou religião, temos que enfrentar os dois grandes enigmas da humanidade: a sexualidade e a morte. Não importa de onde somos, enfrentar esses enigmas e nos construirmos como sujeitos do desejo e da palavra é o desafio de todo ser humano, seja sua voz escutada no mundo todo, seja na solidão íntima de seu quarto.

As redes sociais que abriram um universo para fomentar a comunicação são também o germe de mal-entendidos e de dor. Hoje, sofremos porque alguém não fez um post para nos dar os parabéns em nosso aniversário, ou porque nosso parceiro ou parceira deu like em alguém que consideramos inconveniente. Amparados pelo anonimato, a agressão é moeda corrente e a possibilidade de qualquer desconhecido opinar e julgar nossas atitudes é motivo de angústia.

Além disso, a época em que habitamos não é só a da tecnologia, mas também a da desmesura. Então, como apontamos, encontramo-nos diante da exigência de "conquistar tudo", mesmo sabendo que tudo não é possível. Mas a cultura ergue sua voz e grita que sim, que querer é poder e que basta desejar algo para atraí-lo. Um pensamento mágico. O desejo não atrai nada. No máximo – e isso não é pouco –, ele nos põe em movimento para conseguir o desejado. Mesmo assim, é possível que não alcancemos a meta. Então, vão nos jogar na cara que não soubemos desejar "suficientemente bem", e, em vez de ficar tristes por não termos alcançado o que queríamos, ou orgulhosos pelo esforço que fizemos para obtê-lo, temos que nos sentir culpados e envergonhados porque o fracasso foi por nossa causa.

Como apontou a psicanalista espanhola Rosa López:

> *Qual é o problema? O fato de que, agora, impõe-se sobre nós a obrigação de desfrutar, de gozar e de ser feliz.*
>
> *Em minha prática clínica, observei que o significante "felicidade" saiu de moda e em seu lugar há um que se chama "desfrute". É preciso desfrutar, curtir, e, se não curto, está errado. E acho interessante essa mudança de matiz, porque a felicidade tem um tom ideal, ao passo que desfrute tem um tom mais de gozo. Ou seja, o ideal atual é o gozo, em suma, gozar e desfrutar.*

A modernidade trouxe consigo alguns benefícios que seria supérfluo enumerar, mas com ela também chegaram alguns mandamentos perigosos.

Um mandamento é uma frase, uma palavra, um exemplo, um modelo a seguir que se aloja como uma voz inconsciente que nos empurra em uma direção e estabelece, inclusive, como temos que amar ou sofrer.

Os mandamentos são gravados a fogo e instalam um *dever ser* que cai sobre uma pessoa, impõe a ela uma conduta e condiciona até seu modo de pensar.

Nossa época estabeleceu o imperativo de desfrutar, e toda fruição está ligada ao consumo de bens ou substâncias. Como essas coisas só são adquiridas com dinheiro, esse modelo faz do homem alguém que se esforça para adquirir tudo que estiver a seu alcance. E, nessa corrida maluca consumista, corremos o risco de nos esquecer de nós.

Contam que, antes de partir para a conquista da Ásia, Alexandre Magno quis parar em Corinto. O homem mais poderoso do mundo tinha um anseio: conhecer Diógenes, o filósofo que, como todos os cínicos, considerava a civilização um mal profundo.

Alexandre havia sido educado por ninguém menos que Aristóteles. Talvez por isso se surpreendeu tanto ao encontrar aquele indigente cuja imagem distava muito da do sábio que o havia instruído.

Diógenes vivia nas ruas, com a única companhia de uns cães.

Ao vê-lo em uma situação tão precária, Alexandre lhe perguntou se podia fazer algo por ele.

— Sim — respondeu o filósofo. — Afaste-se, você está cobrindo o sol.

O conquistador, longe de se ofender com essa resposta, olhou para ele com admiração e disse:

— Se eu não fosse Alexandre, teria escolhido ser Diógenes.

Essa alegoria mostra a diferença entre duas maneiras de conceber o prazer. Alexandre pensava em quais bens poderia dar a Diógenes para que ficasse melhor. E o filósofo, em se regozijar com seu momento presente.

Longe do comodismo que essas frases sugerem, que aconselham a caminhar mais tempo descalços ou tomar mais sorvete e comer menos verduras, resgato a necessidade de recuperar um espaço para o pensamento, para a criação, para a pergunta acerca do próprio desejo, porque no meio dessa corrida maluca corremos o risco de esquecer quem somos e o que queremos. E, assim, afastamo-nos ainda mais da possibilidade de ser feliz.

Essa mentalidade do "tudo imediatamente" também investe contra a psicanálise. Somos questionados por nossos pacientes perderem tempo deitados no divã pensando, em vez de resolverem logo os problemas e voltarem a produzir.

Porém, em nossos consultórios, continuamos valorizando o tempo dedicado a si mesmo, a esse espaço no qual a única produção é o sentido, a emoção ou a pergunta sobre qual é o desejo que percorre o paciente. E não vamos esmorecer. Quer gostem, quer não, continuaremos "perdendo tempo" contando sonhos, falando do passado ou, por que não, chorando em silêncio. Ou aos berros.

A análise não é um lugar prazeroso, embora, às vezes, o prazer seja indispensável para alcançar a felicidade. Mas o prazer não é o desfrute constante que nossa cultura promove. Esse desfrute é gozo, esse impulso irrefreável do Superego que nos incita à busca infrutífera de uma completude impossível.

Embora queiramos desfrutar sempre mais e mais, cedo ou tarde encontraremos um limite, porque ninguém pode desfrutar ilimitadamente. Se prosseguirmos, nosso corpo dirá chega e imporá esse limite. Inclusive com a morte.

2
UM MUNDO FELIZ

Em seu livro *Happycracia: fabricando cidadãos felizes*, o psicólogo Edgar Cabanas e a socióloga Eva Illouz denunciam que a chamada "ciência da felicidade" é enganosa e que, em geral, longe de dar o que promete, gera resultados indesejáveis: induz à busca do "crescimento pessoal" como forma de alcançar a felicidade.

Uma vez mais, encontramo-nos diante da tentativa do sistema de evitar toda responsabilidade e deixar a culpa do lado dos $ujeitos que caminham em falta neste mundo. Mas é nesse mandamento que incita a uma realização pessoal que nunca se alcança que está o germe da insatisfação e do mal-estar para o qual, paradoxalmente, essa ciência promete uma solução.

Segundo Cabanas e Illouz:

> *Ao estabelecer a felicidade como um objetivo imperativo e universal, mas variável, difuso e sem um fim claro, ela se transforma em uma meta insaciável e incerta que gera uma nova variedade de "buscadores da felicidade" e de "hipocondríacos emocionais" constantemente preocupados em como ser mais felizes, constantemente atentos a si mesmos, ansiosos para corrigir suas deficiências psicológicas, para administrar seus sentimentos e encontrar a melhor maneira de florescer ou crescer pessoalmente.*

O sistema ordena: "Divirta-se! Desfrute!". Nossa psique traduz: "Goze!".

Um mandamento condenado ao fracasso. Porque o gozo supremo é impossível. Ao menos enquanto vivermos.

Além disso, ninguém pode ser feliz à força. A felicidade como imperativo é um oximoro, uma contradição.

Claro que não se pode negar que todo ser humano merece a oportunidade de ser feliz. Mas essa felicidade jamais poderá ser alcançada se o que impulsionar sua busca for, em vez de um desejo genuíno, um mandamento social que ordena gozar.

Dizem os autores de *Happycracia* que a ciência da felicidade nos obriga a escolher entre estar bem ou sofrer. Como se tivéssemos o livre-arbítrio para escolher sempre e, mais uma vez, como se tudo dependesse de nós.

> *Assim, quem não utiliza as adversidades e os reveses como incentivos e oportunidades para o crescimento pessoal é suspeito de querer e merecer, no fundo, seu próprio mal-estar, independentemente de suas circunstâncias particulares.*
>
> *Portanto, no fim, não há muito o que escolher: não só somos obrigados a ser felizes, como também a nos sentir culpados por não sermos capazes de superar o sofrimento e as dificuldades.*

Nesse parágrafo, aparece outra ideia que se fortaleceu nestes tempos: toda dificuldade é uma oportunidade de crescimento.

Faz muito tempo que a palavra resiliência começou a se popularizar. Uma palavra que provém da física e se refere aos metais que melhoram quanto pior são tratados.

Certamente todo mundo já viu alguma série medieval mostrando como são feitas as espadas. O ferreiro aquece o metal até ficar incandescente e depois o esfria mergulhando-o em um barril com água. Então, coloca-o em cima de uma mesa e começa a lhe dar golpes de maça, repetindo essa operação várias vezes. Quanto mais esse procedimento for repetido, quanto mais o metal for aquecido, esfriado, golpeado e maltratado, mais nobre será a espada. Isso é resiliência.

A psicologia extrapolou o termo e o utiliza para se referir às pessoas que "melhoram e ficam mais fortes" quanto pior a vida as trata.

Realmente, às vezes é assim mesmo, mas é um erro universalizar uma reação particular, uma resposta que depende de cada ser humano, de sua história, de sua maneira de enfrentar as dores e lidar com seus desejos e com o imperativo de seu gozo. A resiliência é uma possibilidade, não uma obrigação. Além disso, ser resiliente não nos torna pessoas melhores. Muitos dos piores criminosos da humanidade foram resilientes.

Mesmo assim, na atualidade, a resiliência tornou-se um ideal a seguir, e quem não o alcança perde o direito de se sentir mal e tem que experimentar a culpa de ter desperdiçado uma oportunidade de crescimento. É impressionante a crueldade da época que habitamos. Uma época na qual a felicidade deixou de ser uma opção para ser uma obsessão e uma ferramenta de controle.

Mas por que caímos nessa armadilha? Por que nos entregamos à busca desenfreada de uma felicidade que não leva em conta nossa subjetividade?

Porque a proposta é esperançosa.

Já falamos das armadilhas da esperança.

Em geral, a esperança se define como um sentimento presente que se dirige a uma situação futura. Mas não é isso. Como indica Comte-Sponville, a esperança também pode apontar para o passado. Por exemplo, quando desejamos que uma reunião de trabalho que terminou (da qual não participamos) tenha sido boa. Também temos esperança voltada para o passado quando olhamos nossa infância ansiando encontrar centelhas de felicidade nela.

Por que nos apegamos à esperança com tanta facilidade? Por que ela tem tanta "boa fama"?

Porque gera um estado de bem-estar psíquico.

Ao negar a possibilidade de que algo corra mal e manter só os pensamentos positivos, nossa mente se acalma. Mas é uma calma enganosa porque, como dissemos, apoia-se na negação, na ausência de prazer, na ignorância e na impotência.

Assim, a ciência da felicidade aproveita esse bem-estar fictício e nos incita ao pensamento esperançoso de que basta decidir e nosso destino mudará, as coisas se alinharão e atrairemos tudo o que desejamos. Claro que essa conduta tem um preço: esquecer os outros e ficarmos fanáticos por nós mesmos; nos preocuparmos com nossa imagem, nossas atitudes, nosso corpo, e não tirar os olhos do alvo, independentemente do que aconteça ao redor. Mesmo que o resto sofra. Por mais que a injustiça os castigue. Afinal de contas, se sofrem, a culpa é deles.

A ciência da felicidade sustenta uma ideologia que estimula o egoísmo.

Em *Encontros,* falamos da história de amor entre Narciso e Eco. Vamos recordá-la e aprofundar o tema.

Vamos retomar o *Metamorfoses*.

Ovídio conta que a bela ninfa Liríope engravidou ao ser violentada pelo deus-rio Céfiso. O filho que deu à luz era tão bonito que, ao nascer, tornou-se objeto de amor e adoração das outras ninfas. Sua mãe procurou o cego Tirésias, que era um reconhecido vidente, para que lhe dissesse o destino que aguardava o menino. A resposta do adivinho foi contundente: *Ele viverá muito, desde que não veja a si mesmo.*

O tempo passou e Narciso foi crescendo, amado e adorado pelas outras ninfas.

De todas as paixões que gerou, destaca-se a de uma linda ninfa chamada Eco.

Eco era uma jovem que tinha o dom da palavra. Por isso, Zeus lhe ordenou que distraísse sua esposa Hera contando-lhe histórias para que ele pudesse sair em busca de aventuras amorosas.

A ninfa obedeceu, e como Sherazade fazia com o príncipe em *As mil e uma noites*, manteve a deusa expectante durante um longo tempo. Quando Hera descobriu a traição, desatou sua fúria sobre Eco, retirou-lhe seu maravilhoso dom e a condenou a pronunciar apenas as últimas sílabas que escutasse da boca dos outros.

Certa vez, enquanto caminhava pelo bosque, Eco viu Narciso. Apaixonou-se imediatamente e começou a segui-lo sem que ele percebesse. Por fim, decidiu se aproximar e manifestar seu amor, mas, devido à sua condenação, foi-lhe impossível utilizar a palavra para seduzir o jovem, que a rejeitou com crueldade. Magoada pela ofensa, Eco exclamou mentalmente uma maldição: *Que ele se apaixone como eu, mas que nunca consiga possuir sua amada*. E bem se sabe que na mitologia clássica as maldições sempre se cumprem. Um acontecimento fatal atuaria a favor desse cumprimento: Narciso se viu refletido nas águas do rio e, a partir desse momento, ficou sentenciado a amar só a si mesmo.

Era o pior castigo possível, que o condenava à solidão eterna: *Desaventurado eu que não posso me separar de mim mesmo. Os outros podem me amar, mas eu não posso amar.*

Narciso foi se consumindo, até que um dia, na tentativa de abraçar sua imagem refletida na água, caiu no rio e se afogou. Então, uma estranha metamorfose aconteceu. Em poucos minutos, Narciso se transformou em uma flor, essa que hoje leva seu nome.

Por sua vez, Eco se desintegrou e se espalhou pelo mundo. E, quando gritamos no alto de uma montanha ou em um corredor deserto, ainda podemos escutar a ninfa reproduzir nossas últimas sílabas, gerando esse efeito sonoro que, em sua homenagem, chamamos de eco.

Essa é a história de Narciso que os mitos nos permitiram conhecer. Mas a que nos referimos quando falamos de narcisismo?

A psicanálise utiliza o termo "Narcisismo" para falar de um momento particular na vida das pessoas que constitui uma parte fundamental de sua estrutura psíquica: o Eu.

Quando o bebê nasce, ainda não é uma unidade, e sim uma soma de zonas erógenas, e por meio delas começa a se relacionar com o mundo.

O "filhote humano" ainda não se reconhece como uma unidade e, ao se referir a si mesmo, não pode dizer: "Eu". Por isso, fala de si mesmo na terceira pessoa.

Quando eu pergunto à minha neta:

— De quem é isso?

Ela responde:

— Da Zoe.

Essa etapa que acontece no começo do desenvolvimento psíquico e sexual é denominada "autoerotismo", porque a relação da criança é com suas próprias zonas erógenas. Todo seu interesse gira em torno delas e ela ainda não está capacitada para dar amor aos outros, porque os outros ainda não existem. Porque nem ela nem os outros são uma pessoa, uma integridade. Mamãe ainda não é mamãe, é seu peito. Um peito que, de algum modo, ainda pertence ao bebê.

Para poder intercambiar amor no sentido pleno da palavra, o bebê precisa se relacionar com pessoas totalizadas, e não com objetos parciais. Mas chegar a isso que parece algo simples, quase natural, é um processo cheio de dificuldades que impõe um trabalho árduo.

Muitos obstáculos que enfrentamos como adultos provêm de alguma falha na vivência dessa etapa. Ciúmes, sentimentos possessivos, dificuldades de relacionamento ou impossibilidade de nos darmos permissão para ser felizes costumam ter origem em uma resolução fracassada dessa fase tão importante.

Para poder amar, primeiro é preciso construir uma pessoa total, ver a mãe, não só um peito. E a primeira pessoa que um ser humano constrói é ele mesmo.

Denominamos narcisismo o processo que permite que uma criança se perceba como uma totalidade e, em vez de dizer "a nenê" ou "o nenê", diga: "Eu". Só depois de atravessar esse "novo ato psíquico", como o denominou Freud, o $ujeito terá a possibilidade de amar a si mesmo e aos outros.

A partir desse momento, o amor se transformará em um elemento valioso e limitado, de modo tal que ele terá que aprender a administrá-lo. Quanto mais amor guardar para si, menos terá para os outros; e, quanto mais dirigir ao exterior, menos lhe restará para cuidar de sua autoestima.

Freud afirmou que certa dose de egoísmo era necessária para viver. Era a isso que se referia. À "libido narcisista" que temos que conservar para ter amor-próprio.

O mito de Narciso faz referência ao amor desmesurado por si mesmo que o impediu de amar os outros. Então, temos um tema, o amor, e duas opções: dirigir esse amor a outras pessoas ou guardá-lo para nós mesmos.

Qual é a quantidade (*quantum* de energia psíquica) de amor-próprio que uma pessoa deve ter para não cair no que se costuma denominar baixa autoestima ou, ao contrário, em atitudes egocêntricas?

No livro *Encontros,* demos atenção especial a esse tema.

No fim deste ensaio, diremos que o desafio será encontrar um equilíbrio para evitar cair em situações extremas, porque, como sentenciou Sor Juana Inés de la Cruz: *O amor é como o sal: fazem mal sua falta e sua sobra*. E nessa falta ou sobra dilui-se a possibilidade de ser feliz.

A época em que vivemos nos convida a um egoísmo desmesurado, e a vida passa enquanto estamos obcecados por encontrar uma "felicidade plena", que é impossível, e alcançar o sucesso, para atender às exigências do mundo.

* * *

Em 1875 nasceu Alfred Schweitzer.

Médico, filósofo, teólogo protestante e músico franco-alemão que em 1952 ganhou o Prêmio Nobel da Paz.

Schweitzer amava a música de Bach e era um organista extraordinário.

Contam que, certa vez, depois de um de seus concertos, o rei Afonso XIII de Espanha, em pleno êxtase, quis trocar algumas palavras com o músico. A primeira coisa que lhe perguntou foi se era difícil tocar órgão, e Schweitzer, com senso de humor, respondeu que era tão difícil quanto governar a Espanha. Não menos lúcido, o monarca respondeu: *Então, você é um homem valente*.

Afonso não estava enganado. Ser filósofo, médico, teólogo e músico implica uma trajetória espiritual e intelectual que só uma pessoa valente consegue realizar.

Schweitzer disse certa vez: *O sucesso não é a chave da felicidade. A felicidade é a chave do sucesso. Se você gosta do que faz, será um sucesso.*

Há quem contradiga Schweitzer e afirme que o sucesso é a chave da felicidade.

Voltemos brevemente a Bertrand Russell e seu livro *A conquista da felicidade*, no qual põe ênfase especial na ideia do "apetite pelo inalcançável".

Por um lado, trata-se de um impulso genuíno voltado a sempre encontrar um motivo a mais pelo qual valha a pena viver. Por outro, um convite que nos condena a viver frustrados.

Em certo momento, referindo-se a um homem bem-sucedido, Russell diz:

> *A vida profissional desse homem tem a psicologia de uma corrida de 100 metros, mas, como a corrida da qual participa tem como única meta o túmulo, a concentração que seria adequada para uma corrida de 100 metros chega a ser um tanto excessiva. O que esse homem sabe de seus filhos?*

Uma pergunta lacerante: o que esse homem sabe de seus filhos?

Provavelmente pouco. Talvez, tomado por suas obsessões e pelo desejo de cumprir o mandamento da época, tenha perdido de vista muitas coisas importantes.

O tempo é limitado e cada um tem que escolher a que ou a quem o dedica.

De onde vem o apetite pelo inalcançável do qual Russell fala? De um fato que já apontamos: a cultura moderna é opressiva e nos incita a conquistar tudo, mas, como tudo não é possível, nasce o desejo e, com ele, esse apetite eterno.

Se, como afirmam alguns, o sucesso é a chave da felicidade e consiste em alcançar a completude, então a felicidade é inalcançável.

Não é possível ser feliz sem aceitar que sempre restará algo para alcançar. Também é preciso evitar que esse algo se transforme em motivo de frustração.

Não dá para ser feliz e estar frustrado ao mesmo tempo.

É verdade que nunca alcançaremos tudo o que desejamos. Mas aceitar a incompletude inerente ao ser humano não é a mesma coisa que viver em um estado permanente de frustração.

A psicanálise define a frustração como a falta imaginária de um objeto real. O que isso significa? Que sentimos a frustração quando nos falta algo que julgamos merecer.

Penso em alguém que vai procurar emprego e vê outra pessoa ficar com a vaga. Talvez se pergunte: "Por que, se eu merecia?".

Ou em algumas pessoas que desejam ter um filho e não conseguem. Imagino a tensão no rosto e o tom de voz com que se questionam: "Com tanta gente que abandona crianças no mundo... Eu teria sido um pai (ou uma mãe) excelente. Não é justo, eu merecia".

Como toda falta, a frustração gera uma emoção. Nesse caso, é a raiva. A pessoa frustrada é uma pessoa com raiva. E ninguém pode ser feliz nesse estado de ressentimento.

Ao pensar a frustração, é preciso avaliar onde a pessoa fixa sua meta e o que espera dela.

Por exemplo: para quem escolheu estudar, concluir uma faculdade deveria ser um sucesso. Mas, se essa pessoa houver gerado expectativas desmesuradas, se pensava que com o diploma de médico chegaria à direção de um hospital ou ao Prêmio Nobel de Medicina, o mais provável é que, em vez de ser feliz, se sinta frustrado. E, consequentemente, com raiva.

Lembro que, há alguns anos, havia um programa de TV dirigido por Alejandro Doria: "Atreverse". Era uma série que falava de questões muito sensíveis, com aquela marca particular desse grande diretor.

Em um dos episódios, um táxi para em frente à Faculdade de Direito – ou talvez de Engenharia – de Buenos Aires. O motorista desce cambaleando, com uma garrafa de vinho na mão. Para em frente ao edifício, esvazia em um gole só o resto da garrafa, levanta a cabeça, olha para o prédio e diz: "Você me deu o diploma, me deu uma matrícula. Para que me serviu?". E, furioso, joga a garrafa contra a parede.

A pergunta de Russell, *o que esse homem sabe de seus filhos?*, denuncia um erro que costuma cometer quem foca só no sucesso.

Tive um paciente que chegou dizendo que era um homem bem-sucedido porque nunca havia permitido que alguma coisa se interpusesse entre sua meta e ele. Eu lhe perguntei o que estava fazendo em meu consultório, então. Ele me olhou, seus olhos se encheram de lágrimas e disse: "Vim porque não tenho mais vontade de viver".

A busca obsessiva pelo sucesso havia roubado o desejo dele, e agora que "tinha tudo" sentia-se mais vazio que nunca. Porque entre as coisas que não permitira que se interpusessem entre sua meta e ele estavam sua companheira, de quem havia se separado; seus amigos, aos quais já não via; e seus momentos de prazer, aos quais havia renunciado.

É preciso ter muito cuidado para não confundir dedicação com obsessão.

A palavra obsessão provém do latim *obsessĭo*, "assédio", e era usada para se referir a um lugar sitiado pelos inimigos. O castelo de Príamo, em Troia, é um exemplo claro. Como sabemos, o exército comandado por Agamenon manteve o castelo sitiado (obcecado) durante dez anos, até que conseguiram infiltrar o famoso cavalo e a fortaleza caiu.

Por ser composto por *ob* (antes) *sedēre* (sentar-se), o termo alude também a estar quieto, imóvel.

É bem conhecida a tendência de certas pessoas a procrastinar, a ficar paralisadas sem conseguir tomar decisões. Os pensamentos obsessivos as paralisam porque não deixam lugar para nada mais. Nem mesmo para os afetos. Os tangos estão cheios de episódios assim. *Es pan de mis dos hijos todo el lujo que te he dado,*[13] protesta, angustiado, um homem que destruiu sua vida obcecado por sua amante.

São histórias que mostram o custo de uma obsessão. Um custo muito alto, porque a obsessão reduz o mundo a uma questão ínfima. Acaso pode ser feliz quem limita tanto sua vida, quem deixa o universo de fora em busca de uma única coisa, mesmo que essa "coisa" seja o sucesso?

O consultório está cheio de lágrimas de gente "bem-sucedida".

Homens e mulheres que venceram e, muitas vezes, ficaram sozinhos. Costumamos falar da "solidão do sucesso". É possível que essa frase se refira a pessoas bem-sucedidas como meus pacientes.

O sucesso provoca momentos de euforia, sem dúvida. Mas é um erro confundir euforia com felicidade. Euforia não é felicidade. Euforia não é sequer alegria. Euforia é uma desmesura.

Como disse Victor Hugo, o sucesso engana. Envolve quem o alcança com um manto que muitas vezes o deixa sitiado, "obcecado". Quem olhar de fora só verá seu brilho, mas é possível que, por dentro, também haja caos e escuridão.

13 "É pão de meus dois filhos todo o luxo que lhe dei."

3
FELICIDADE E AUSÊNCIA

Quando eu era pequeno, ao voltar da praça onde jogava futebol, eu e meus amigos passávamos em frente a uma linda casa que chamávamos de "a mansão". Depois de cada jogo, costumávamos descansar encostados em seus muros e imaginávamos como seria viver naquele lugar. Desconfiávamos que seus habitantes deviam ser felizes, talvez porque haviam conseguido algo com que todos nós sonhávamos.

Nunca soubemos se realmente aqueles vizinhos eram felizes. Tomara que sim. Mesmo assim, se eu houvesse passado algum tempo com eles, teria-os escutado falar de alguma falta. Porque todo mundo tem faltas.

Quem tem a esperança de ser bem-sucedido supõe que encontrará a chave da felicidade. Obcecado, pensa que, quando alcançar a meta, será completamente feliz e para sempre.

Não é assim que funciona.

A psicanálise feriu o mundo ao decifrar a existência do Inconsciente.

Somos sujeitos presos à linguagem e ao desconhecimento. Sujeitos atravessados por uma falta impossível de preencher. Sujeitos tachados, como indica a forma como escrevemos: $ujeitos. E essa cisão estrutural que nos percorre faz do sucesso um conceito enganoso, porque, embora acreditemos que conseguimos tudo o que desejávamos, haverá sempre um resto de insatisfação.

Somos seres ambivalentes. Portanto, aquilo que uma parte de nós anseia, a outra rejeita. O que satisfaz uma parte de nós angustia a outra.

Por esse motivo, todo sucesso é duvidoso.

Ortega y Gasset dizia que todos nós contemos multidões.

Temos que saber, então, que cada meta que alcançamos só satisfaz o desejo de algum dos múltiplos seres que nos habitam.

Bettina queria ser mãe.

Esse era seu sonho desde sempre. Apesar de ser uma profissional reconhecida e de suas várias conquistas, sentia um vazio que, segundo suas palavras, só um filho poderia preencher.

Não tinha um companheiro e a relação com seus pais era fria e distante. Com quarenta e cinco anos, sentia que tinha que tomar uma decisão. E assim fez. Com a ajuda de um doador, conseguiu a gravidez, que correu normal. Poucos dias depois do parto, veio ao consultório com seu filho. Estava radiante.

Meses depois, voltou ao consultório angustiada.

— Fui à casa de meus pais. Queria levar Ezequiel, ele já tem quatro meses, e eles nem o conheciam.

— E como foi?

— Horrível. Pensei que iam se emocionar, afinal de contas, é o único neto deles. Mas o trataram com a mesma distância que a mim. Nem sequer o pegaram no colo.

— E o que você sentiu?

— Raiva, muita raiva. Fiquei pouco tempo e fui embora. Sozinha, com meu filho no colo.

Bettina chorava de raiva, impotência e angústia.

Acreditava que um filho poderia completá-la. Porém comprovou que não. Ainda restava aquele desejo de ser amada por seus pais, de que aceitassem Ezequiel, de uma família que ela mesma tinha que construir. Além disso, a maternidade gerava inconvenientes de horários para ela e lhe impunha ocupações que enfrentava com dificuldade.

Seu filho lhe havia permitido satisfazer seu desejo de ser mãe, mas a falta continuava ali. E tinha que aprender a conviver com ela.

Uma velha canção francesa diz que deveríamos morrer no momento em que somos felizes. Por quê? Porque deixaremos de sê-lo em muito pouco tempo.

Penso nos hiperbóreos, um povo mítico que habitava uma região ideal, de clima agradável, temperado, cujo solo produzia duas colheitas por ano. Viviam ao ar livre nos campos, nos bosques sagrados, e gozavam de extrema longevidade.

O curioso era que, quando os idosos haviam desfrutado o suficiente da vida, jogavam-se ao mar do alto de um precipício, com a cabeça coroada de flores, para encontrar nas ondas uma morte feliz.

Uma morte feliz. Um final feliz. Uma das acepções da palavra sucesso.

É possível o sucesso na morte?

* * *

Torno a abraçar a recordação de Jorge, meu sogro, meu amigo, e sua descrição do instante de morrer dignamente: um momento horrível, mas lindo.

O filósofo sul-coreano Byung-Chul Han afirmou que a felicidade doente não é um oximoro. Que toda intensidade é dolorosa porque dor e felicidade se fundem na paixão.

Lord Byron afirmou que a dor é mais forte que a felicidade. Por isso, a lembrança de um momento feliz é meio dolorosa, ao passo que a lembrança de um momento doloroso ainda dói.

É verdade. Assim como o orgasmo, a felicidade, quando é profunda, contém um fator de sofrimento.

Certas noites, ao me deitar, quando apago a luz e fico sozinho comigo mesmo, como sempre, alguma cena da infância me visita. Escuto o riso de meu pai enquanto tento andar de bicicleta, desajeitado. Outras vezes, a voz. Ou me vejo sair correndo para os braços de minha mãe depois de ir bem em uma prova de música. E, outras vezes, o olhar.

Foram momentos felizes, sim. Porém as noites em que recordo doem tanto...

Segundo Nietzsche, felicidade e infelicidade são *irmãos gêmeos que crescem juntos, ou, ainda, como em vós, permanecem pequenos.*

Giovanni Papini escreveu:

> *Lúcifer foi condenado à pena mais atroz: não poder amar.*
>
> *Deus está condenado a uma pena quase igualmente cruel: amar sem ser amado.*

Deus e o demônio, as duas forças extremas que fomos capazes de imaginar, estão atravessados pela falta. Mas acho que Deus enfrenta uma falta ainda mais profunda, porque, segundo Papini:

> *Depois de sua paixão na Terra, Deus continuou padecendo sua eterna, infinita e divina paixão. Ama os homens e é obrigado a ver que esses filhos aos quais sempre amou se equivocam, se sujam, se assassinam, se odeiam, se revelam, grunhem, soluçam, choram, se desesperam.*
>
> *A infelicidade do homem reverbera na infelicidade de Deus, multiplicada pela misericórdia paterna.*

Essa ideia me seduz.

Diante da reiterada pergunta da humanidade: por que Deus não evita as injustiças, por que não nos faz felizes?, a ideia de um Deus em falta nos dá ao menos uma resposta: porque não pode. Porque Deus também está castrado.

Talvez por isso, porque nem mesmo Deus tem tudo, é que às vezes não pressentimos a felicidade no que podemos ter, e sim no anseio de algumas ausências.

Ausência de dor ou de tédio. Ausência de tantas ausências.

Em alguns casos, mais que pensar no que desejamos, pensamos naquilo de que não precisamos: não precisamos do tédio, não precisamos da indiferença, não precisamos do sofrimento.

A felicidade é apenas mais um habitante do pequeno universo que contemos e tem que aprender a conviver com os outros. Especialmente com a dor.

* * *

Desde pequeno, sou apaixonado por tango.

Meus colegas de escola se espantavam ao me encontrar nos intervalos cantarolando algum. Mas, além da música, às vezes sublime, graças ao tango descobri também um idioma maravilhoso. Uma linguagem sentida, rítmica, rica em matizes, cheia de nostalgia e metáforas.

Uma linguagem com história.

Os lombardos foram os usurários do século XVIII. Dada essa atividade, eram tão desprezados que esse gentilício que identificava os habitantes da Lombardia tornou-se sinônimo de ladrão. Com o tempo, a palavra *lombardo* derivou em *lunfardo*, um idioma de uso cotidiano entre meus parentes mais velhos.

Meu padrinho era o mais hábil da família em utilizá-lo.

Com destreza, formava frases que me causavam riso e admiração. Mas às vezes também me comoviam.

Ele costumava recitar um poema cujo título era "Fatalista":

Bodegón que me das en el izquierdo,
pero que suelo visitar tupido
tal vez para olvidarme de un olvido
o para no acordarme de un recuerdo.

Cuando en tu mugre y en tu alcohol me pierdo
la caña es falta y la ginebra envido,
en el mazo de todo lo vivido,
despunto con la muerte un truco lerdo.

A veces escasani y chacabuco,
palmieri y con las cartas reviradas,
me voy al naipe sin cantar retruco

Ni tantear a favor sirve de nada,
con 33 de mano me trabuco:
¡Siempre liga la muerte el as de espadas![14]

A falta inevitável feita poesia: *sempre ganha a morte o ás de espadas*!

Com o tempo, eu soube que esse poema pertencia a *Sonetos mugres*, um livro de Daniel Giribaldi.

Esses versos, que revelam os pensamentos de um homem que atravessa um momento de pobreza, doença, fracasso e raiva, definem um estado depressivo. Mas com que beleza e simplicidade!

Havia um termo lunfardo muito utilizado para aludir às "casas de aluguel" onde se refugiavam pessoas que chegavam a Buenos Aires fugindo da fome ou da guerra. Exilados que alugavam um quarto para morar. Só um quarto. Tinham que dividir o banheiro, o quintal e a cozinha. E o que a princípio era um mundo de solidão entre desconhecidos, com o tempo ia se transformando em um lugar onde encontrar amigos, sensação de família ou um amor. Esse termo era: *conventillo.*

De alguma maneira, parecemos um *conventillo,* onde nossas emoções têm que aprender a conviver apesar de suas diferenças. Como aqueles imigrantes, essas emoções falam idiomas diferentes, têm desejos e paixões contrárias e ocupam todos os quartos de nossa psique. Os mais luminosos, os mais escuros.

14 Boteco que me acerta na esquerda,/ mas que costumo visitar entorpecido/ talvez para esquecer um esquecimento/ ou para não recordar uma lembrança.// Quando em sua sujeira e seu álcool me perco/ a cachaça é falta e o gim aposta,/ no maço de tudo que vivi,/ desponto com a morte um truco lerdo.// Às vezes escasani e chacabuco,/ palmieri e com as cartas furiosas,/ jogo sem cantar retruco// Nem blefar a favor serve de nada,/ com 33 na mão me transtorno:/ Sempre ganha a morte o ás de espadas!."

A felicidade é uma dessas emoções, mais um habitante do *conventillo*, e tem que aprender a conviver com a tristeza, a dor, a solidão e o medo. Do contrário, abandonará o lugar e nos negará a possibilidade de ser feliz.

Volto à frase de Lord Byron e penso que, talvez, em vez de avaliar se a dor é mais forte que a felicidade, poderíamos parar de pensar em ambas como rivais. Compreender que a dor e a felicidade devem coexistir porque, assim como existem dores que torturam, também pode haver dores felizes.

Faz tempo, quando eu trabalhava no programa de rádio "La venganza será terrible", chegou uma mensagem de um ouvinte que, como meus colegas de infância, asseverava que o tango era triste e a música brasileira, por outro lado, era alegre.

— Objeção! — gritou o apresentador do programa, Alejandro Dolina.

E argumentou que isso era uma falácia, porque todo fato poético é um fato feliz, mesmo quando esse fato poético carrega uma dor. Por exemplo: quando nos encontramos com uma poesia, sentimos estremecimentos de espírito que estão muito mais próximos da felicidade que da tristeza. Estar frente a frente com uma obra de arte triste produz uma agitação estranha, na qual convivem a felicidade e a dor.

* * *

Há algum tempo, tive que ir à Espanha a trabalho.

Não era meu melhor momento para isso. Algumas questões familiares e econômicas fizeram que meu primeiro contato com a Europa se desse em condições pouco favoráveis. De qualquer maneira, aproveitei a oportunidade para percorrer as cidades que visitava e alguns de seus museus.

Certa tarde, saí para caminhar por Madri e, sem pensar, entrei no antigo Hospital San Carlos, atual Museu Reina Sofía. Atravessei o pátio e subi uma escada. Não estava procurando nada; às vezes, as coisas que mais nos marcam na vida acontecem assim. Como a paixão, ou o amor. Como diz a canção de Fito Páez: *Yo no buscava a nadie y te vi.*[15]

Algo assim aconteceu comigo naquele dia. Ao desembocar em um dos andares, não lembro qual, encontrei-me de frente com uma obra majestosa que imediatamente me impressionou. Não é fácil que isso aconteça. Em geral, curto mais as artes temporais que as espaciais. A música e as letras me comovem mais que a pintura e a fotografia. Porém aquela obra me acertou em cheio e, sem saber por que, comecei a chorar.

Levei alguns minutos para reagir. Só então a olhei com atenção. Era uma coleção de imagens que pareciam desordenadas. Imagens perturbadoras. Em cima, quase no centro, uma lâmpada simulava um olho. À sua esquerda, um touro se erguia, desafiador ou indiferente. Do outro lado, uma mão com uma vela, e, no meio desse caos, um pássaro agonizava enquanto impunha-se a figura de um cavalo cujo grito se podia escutar. Alguns rostos humanos mostravam sua dor. Como uma mãe que segurava seu filho morto ou o homem que tentava fugir do fogo. E havia mais coisas, mas eu não era capaz de absorver tantos detalhes. Eu me senti avassalado. Doído. E feliz.

Não era para menos. Eu estava parado diante de *Guernica*, essa obra impressionante de Pablo Picasso.

Aquele mural havia sido pintado por Picasso em 1937 em Paris. Mas, devido ao estouro iminente da Segunda Guerra Mundial, o artista o deixou aos cuidados do MOMA, o Museu de Arte Moderna de Nova York. Quando o conflito bélico terminou, Picasso decidiu que permaneceria ali por tempo indefinido. Não queria que sua obra ficasse na Espanha de Franco.

Finalmente, em 1981, *Guernica* foi para Madri, onde eu o estava observando.

O que o havia motivado a realizar uma pintura como essa?

A história começou numa segunda-feira, 26 de abril de 1937.

15 "Eu não procurava ninguém e te vi."

O exército franquista avançava para o norte com a intenção de controlar o País Basco. Decidido a eliminar qualquer resistência, o ditador Francisco Franco quis dar uma mostra brutal de sua força.

Para isso, abriu os céus da Espanha para a violência do Eixo e, às quatro da tarde, sessenta aviões de origem alemã e italiana começaram a bombardear a cidade de Gernika-Lumo. Foram três horas de um ataque incessante que a reduziu a cinzas. Jamais o mundo havia presenciado algo parecido. Bombas que caíam e matavam indiscriminadamente mulheres, crianças e civis. Calcula-se que cerca de mil e seiscentas pessoas morreram naquelas três horas; um claro presságio do que seria o horror que se avizinhava.

Poucos dias depois, em 1º de maio, Picasso começou a trabalhar em um mural que expressasse suas emoções: raiva, repugnância, angústia. E o fez com tanto empenho que, no fim de junho, já estava dando os últimos retoques à obra.

Guernica era um caos de animais e humanos desmembrados e retorcidos pela dor, e, embora nada remetesse diretamente ao que havia acontecido na cidade basca, os quase trinta metros quadrados da tela relatavam aquele horror. Um horror inexplicável. Picasso disse:

> *Os artistas que vivem e trabalham com valores espirituais não podem nem devem ficar indiferentes diante de um conflito no qual os valores mais elevados da humanidade e da civilização estão em perigo.*

Certas circunstâncias estão além das palavras e nos colocam diante de um vazio para o qual jamais encontraremos sentido. Gernika-Lumo foi uma delas.

A psicanálise ressalta os temas nos quais a linguagem encontra seu limite: a sexualidade e a morte.

Muitos ainda evitam reconhecer isso. Têm dificuldade de aceitar que não é tão fácil dizer que se é homem ou mulher. A mesma coisa que Freud propôs no começo do século passado continua assombrando os espíritos conservadores de hoje.

O outro tema é a morte.

No livro *El duelo,* desenvolvemos detalhadamente essa questão e dissemos que a mitologia e a religião surgiram como uma tentativa de dar algum sentido a esse vazio carente de significado. O númeno kantiano ou o "real" lacaniano. Esse lugar que não pode ser simbolizado, nem sequer imaginado.

Diante do desafio de ter que conviver com essa "coisa" inominável, Lacan mostrou que há três maneiras de responder a esse Real que não podemos representar.

Uma delas é a histeria, que ocupa esse vazio com um sintoma, uma metáfora sofredora. A arte faz algo parecido. Cria algo que não existia, desperta uma emoção e tenta dizer algo apesar do enigma que enfrenta.

É o que fez Pablo Picasso.

Naquele espanto inexplicável, colocou uma obra comovente. Um mural que transmite o horror e, ao mesmo tempo, deixa uma comoção artística que se parece bastante com a felicidade.

Pelo menos foi o que eu senti aquela tarde.

Parado em frente ao *Guernica,* eu me perguntei o que Freud diria a Einstein se ambos estivessem ao meu lado. Até imaginei a conversa. O analista, entristecido, diria:

— Vê, sr. Einstein? É isso que somos. Lembra o que lhe disse, aquela vez, acerca do poder avassalador da pulsão de morte e do irrefreável impulso à destruição que o ser humano tem? Pois bem, querido Albert, olhe esse quadro. Observe esse grito, ou aquele outro, tão ensurdecedor que nada diz. Em nosso intercâmbio de então, eu deixei claro que a plenitude e a felicidade não eram nosso destino como humanos. Mas, olhando essa maravilha do amigo Picasso, creio, e veja que mistério, que sopros dessa felicidade podem se encontrar na expressão que se produz entre quem pintou esse quadro e quem o verá pelo resto da eternidade.

Eu nem me mexo, para não interromper um momento tão sublime, mas imagino Einstein. Vejo-o com a cabeça baixa e percebo que, assim como eu, ele também está chorando.

Contam que, durante a Segunda Guerra Mundial, quando os nazistas ocuparam Paris, um oficial alemão mostrou uma reprodução de *Guernica* a Picasso e o desafiou:

— Foi você que fez isso?

— Não — respondeu o artista. — Foram vocês.

No poema "1964", de Jorge Luis Borges, também encontramos essa convivência entre a dor e a felicidade que nos percorre quando o espírito se expande.

Ya no seré feliz. Tal vez no importa.
Hay tantas otras cosas en el mundo;
un instante cualquiera es más profundo
y diverso que el mar. La vida es corta

y aunque las horas son tan largas, una
oscura maravilla nos acecha,
la muerte, ese otro mar, esa otra flecha
que nos libra del sol y de la luna

y del amor. La dicha que me diste
y me quitaste debe ser borrada;
lo que era todo tiene que ser nada.

Sólo que me queda el goce de estar triste,
esa vana costumbre que me inclina
al Sur, a cierta puerta, a cierta esquina.[16]

16 "Já não serei feliz. Talvez não importe./ Há tantas outras coisas no mundo;/ um instante qualquer é mais profundo/ e diverso que o mar. A vida é curta// e, embora as horas sejam tão longas, uma/ escura maravilha nos espreita,/ a morte, esse outro mar, essa outra flecha/ que nos livra do sol e da lua// e do amor. A felicidade que me deste/ e me tiraste deve ser apagada;/ o que era tudo tem que ser nada.// Só me resta o gozo de estar triste,/ esse vão costume que me inclina/ ao sul, a certa porta, a certa esquina."

Trata-se de um poema desolado.

Borges não só arremete com uma frase poderosa: *já não serei feliz*, como também nos nocauteia com uma ideia que nos interpela: *talvez não importe*.

É possível que ser feliz não importe? Que a felicidade não tenha nenhuma relevância? O autor nos convida a pensar assim. Afinal de contas, *há tantas outras coisas no mundo*. Intuo que essa frase não passa de uma ironia.

Os versos questionam a felicidade, mas somos impactados pela felicidade que nos provoca a compreensão artística. Uma felicidade que vai além da compreensão intelectual. Talvez também se trate disto: de se afastar da visão maniqueísta do mundo que convida a pensar que as coisas são fatalmente duais. Bem ou mal. Felicidade ou tristeza.

Já escrevi em algum lugar que é possível ser infiel e estar apaixonado ao mesmo tempo. Essa frase indignou muita gente e me perseguiu por anos.

Não era só uma forma de indicar a diferença entre o amor e o desejo. Era também uma tentativa de romper com essa visão estruturada que não entende de matizes.

Certos pacientes, quando estão bem, acham que o mundo é maravilhoso, e, quando estão mal, ficam desesperados. Trabalho com eles para que compreendam que ter uma dificuldade é diferente de ter um problema; que um problema é diferente de um drama; e que um drama também não é uma tragédia. Porque na perda dos matizes a vida se transforma em um lugar desmesurado.

É evidente que ninguém pode ser feliz no meio de uma tragédia, mas podemos sê-lo apesar das dificuldades ou dos problemas. E digo mais: não temos opção. Esse é o jogo da vida. E temos que jogar, lutar e sonhar com as cartas que ela nos dá. Do contrário, já começaremos perdendo.

* * *

Costumamos acreditar que a felicidade é um sentimento solitário que deveria ofuscar todos os outros. Por que exigimos tanto dela?

De novo, Byung-Chul Han: ele diz que a humanidade moderna desenvolveu uma fobia à dor. Fala de uma sociedade paliativa e diz que a obrigação de ser feliz exige que evitemos qualquer sombra de sofrimento e nos leva a um estado de anestesia permanente.

Mas nem sempre foi assim.

Pensemos naqueles avós que vinham das guerras que tanto preocupavam Einstein e Freud, dos campos de concentração, das perseguições ideológicas. Homens e mulheres que tiveram que abandonar sua terra, seu idioma e sua família para construir um mundo novo sobre seus desgarramentos.

A única opção que tiveram foi conviver com a dor. Mesmo assim, muitos deles olharam nos olhos da dor sem se envergonhar e encontraram a sabedoria ou a coragem de ser felizes apesar das ausências.

Quando minha avó morreu, meu avô Felipe foi morar conosco. Instalou-se em meu quarto e, tal como os habitantes dos *conventillos*, fomos *roommates* durante dois anos. Até que, certa madrugada, eu me assustei ao ouvi-lo respirar com dificuldade. Tentei acordá-lo, mas não consegui. Chamei meus pais aos gritos, eles correram imediatamente. Minha mãe começou a chorar e correu para avisar minha tia, que morava na casa da frente, para que fosse se despedir do pai. Eu tinha onze anos e não entendia muito bem o que estava acontecendo. Meu pai me acariciou e disse: "Fale o que quiser para ele, porque está morrendo". Então, sem conseguir falar, eu me recostei sobre seu peito e o abracei. Segundos depois, ele parou de respirar.

Era um homem parco, muito sério.

Durante nossa convivência, mais de uma vez o encontrei com o olhar fixo no teto. Em silêncio.

Um dia, reuni coragem e lhe perguntei no que estava pensando.

Ele não olhou para mim. Depois de alguns segundos, contou-me uma história.

Meu avô era filho de uma mulher "índia". Uma mulher a quem um espanhol visitava de vez em quando só para engravidá-la. Viviam em um lugar perto das montanhas e, certa vez, quando era pequeno, meu avô escutou um rugido estranho. Abriu a porta de seu rancho e encontrou uma onça à espreita.

Ele ficou imóvel, tremendo. A onça começou a se aproximar devagar e já estava a poucos metros. De repente, minha bisavó apareceu com um pau, gritando, e foi para cima do animal que, assustado, fugiu.

Era nisso que meu avô estava pensando aquela madrugada.

Estava triste, mas feliz. Nostálgico, mas orgulhoso de sua mãe. Aquele dia, eu também comecei a sentir um orgulho – que não sabia explicar – por ser descendente de meu avô e de minha bisavó Modesta, a "índia", que com apenas um pau enfrentou uma onça para defender o filho.

Eu já havia aprendido isso muito antes com meu pai, mas aquela conversa comprovou que certos olhares doloridos merecem respeito e requerem tempo. Precisam ser processados. Saboreados também. Por que não? Afinal de contas, constituem uma parte fundamental do que somos.

Observadas com os olhos contemporâneos da produtividade moderna, porém, a dor, a nostalgia e a tristeza são uma perda de tempo.

Hoje, a dor é demonizada. Por isso fugimos dela. Porque, senão, seremos fracos, desperdiçaremos uma vida que está aí para ser desfrutada.

A sociedade atual detesta a tristeza. Por isso, ninguém mais pode se mostrar triste ou dolorido sem que apareça alguém para pedir que abandone essa dor. Alguém que às vezes sugere um medicamento para aliviar sua angústia. Ou noites de álcool. Ou de excessos. De gozo.

Convivo diariamente com pacientes que, diante da mínima dor, perguntam se não deveriam tomar alguma medicação.

Vamos esclarecer uma coisa: os psicotrópicos são uma ferramenta de muito valor em alguns casos. Mas a busca obrigatória da felicidade e a negação do direito de sofrer os tornam um elemento indispensável da vida diária.

Assim, habitamos um mundo embotado que pretende nos anestesiar para que esqueçamos a dor de viver e voltemos o antes possível à produtividade e ao desfrute.

Recentemente, em uma reunião de amigos, deram-me um violão e me pediram que tocasse alguma coisa.

Recordei uma milonga de Atahualpa Yupanqui, "Los ejes de mi carreta", e depois de uma lenta introdução, comecei a cantar.

> *Porque no engraso los ejes me llaman abandonao.*
> *Porque no engraso los ejes me llaman abandonao.*[17]

Alguém que estava sentado à minha frente me interrompeu.

— A música é assim mesmo? Por que diz duas vezes a mesma coisa?

Sorri, mas não pude deixar de entender.

Estamos em um tempo que não tem tempo, que perdeu a paciência, algo que às vezes é necessário para que nos aproximemos dessa felicidade que as coisas humanas podem nos oferecer.

Alguns gêneros musicais atuais não têm os tempos necessários para desenvolver uma melodia. São fruto de uma vida que passa a outra velocidade. Os novos artistas são obrigados a criar em uma época que perdeu o interesse pela dor, pelo tempo necessário para processá-la.

Mas a dor é parte fundamental da vida. Toda vida é dolorosa, se há de ser vida. Porque as pessoas que mais amamos morrem; os amores acabam, nosso corpo envelhece.

Uma vida sem dor é uma vida sem amor.

Muitas vezes critiquei a idealização que se faz do amor. Porém o amor é o único milagre possível que os $ujeitos que habitam este mundo têm. $ujeitos presos a uma linguagem que reflete as características de sua época. No castelhano, fruto destes tempos

17 "Porque não engraxo os eixos me chamam de desleixado./ Porque não engraxo os eixos me chamam de desleixado."

anestesiados, temos um novo refrão: "nada". A pessoa está falando e, no meio do discurso, diz: nada.

Em uma sessão, uma paciente estava relatando uma visita que havia feito à sua mãe, que estava internada por problemas graves de saúde.

— Fui ver minha mãe, e nada... fiquei umas horas com ela.

— Como nada? — perguntei.

Ela esteve com a mãe, uma idosa em estado delicado, a quem possivelmente verá poucas vezes mais, e diz "nada"?

Sim. Nada.

Uma expressão que alude a um vazio de emoções, de sonhos, de desejos. Um vazio que esta época demanda para que sigamos na busca de uma felicidade imposta e impossível.

Nada.

Uma palavra que descreve a ausência de pensamento, porque para pensar é preciso tempo. E hoje não existe tempo. Por isso, habitamos o mundo da opinião. Opinar é fácil. Pensar é difícil. Qualquer um opina, mas nem todos pensam. E, se alguém se recusa a dar sua opinião sobre um assunto do qual não sabe o suficiente, é acusado de não querer se comprometer. Como se a vida fosse um jogo e o conhecimento não importasse.

Assim como Byung-Chul Han, eu acredito na possibilidade de que exista uma felicidade dolorida. E tenho certeza de que uma felicidade anestesiada não é possível.

4
FELICIDADE E BUSCA

É muito difícil separar as palavras felicidade e busca. A maioria das pessoas afirma que só podemos alcançar a felicidade ao encontrar algo que buscamos com afã.

É evidente que este livro bebe nas ideias de Lacan. Acabamos de citar, também, um episódio vivido por Pablo Picasso. Vejamos, então, uma citação que os liga.

Disse Lacan:

> *No que me diz respeito, nunca me considerei um pesquisador. Como disse Picasso uma vez, para grande escândalo das pessoas ao redor: eu não busco, encontro.*

Porém, em uma época posterior, ele ressignificou o valor da busca e inverteu a frase. Em *O seminário, livro 23,* expressou:

> *Começo a fazer o que implica o termo busca: a andar em círculos. Houve um tempo em que eu era meio estridente. Dizia como Picasso – porque isso não é meu –, eu não busco, encontro. Mas, agora, tenho mais dificuldade de abrir meu caminho.*

Já em *O seminário, livro 25,* afirmou:

Atualmente, não encontro, busco. Busco, e algumas pessoas, inclusive, não encontram inconveniente em me acompanhar nessa busca.

Apesar de Lacan, acho que toda busca está fadada ao fracasso. Porque, assim como quando alguém fala, diz outra coisa do que acha que está dizendo, quando alguém busca também persegue algo diferente do que julga buscar. Por isso, todo encontro é uma surpresa.

A humanidade, contudo, é percorrida por perseguidores. Perseguidores de elixires, pedras filosofais, fontes de sabedoria, juventude ou imortalidade. Personagens desesperados que correram desertos, "Orinocos" ou "Mississippis" para encontrar o impossível de encontrar.

Essas personagens sempre me atraíram. Caçadores de dragões. Seres angustiados que, numa queda de braço com o universo, tentando torcer a mão do destino, foram em busca do impossível. Por exemplo, a juventude eterna.

A primeira referência conhecida do mito de uma fonte da juventude data do século IV a.C. No volume III de *História,* de Heródoto, narra-se a entrevista entre o rei da Etiópia e os embaixadores do rei persa Cambises II.

Os embaixadores perguntaram quão longa era a vida dos etíopes. O rei respondeu que muitos deles rondavam os cento e vinte anos, e que não faltava quem alcançasse mais.

Diz Heródoto:

O rei, então, vendo quanto os exploradores admiravam uma vida de tão longos anos, conduziu-os ele mesmo a uma fonte muito singular, cuja água deixaria quem se banhasse nela mais encharcado e reluzente que se fosse untado com o azeite de mais excelência, e o faria exalar de seu corpo úmido um aroma finíssimo e delicado.

Aparentemente, tratava-se de uma fonte maravilhosa e de água tão leve que nada podia flutuar nela.

Isso é tudo que Heródoto conta a esse respeito. Só sabemos que, ao mergulhar naquelas águas, os etíopes saíam novos, perfumados e longevos.

Não é de surpreender o interesse dos persas em descobrir o segredo. A juventude eterna é um desejo que atravessou os séculos.

O conquistador Juan Ponce de León e seus homens avistaram pela primeira vez a península da Flórida em 27 de março de 1513. No início, pensaram que se tratava da ilha que andavam buscando com insistência: a misteriosa Bimini.

Diziam que, naquela ilha, havia uma fonte tão notável que os velhos rejuvenesciam só de beber um gole de sua água.

Não se sabe se o conquistador ia em busca dessa lenda, mas o que fica claro é que, quando descobriu a Flórida, seu objetivo era Bimini.

A verdade é que Juan Ponce de León nunca chegou a pisar na ilha da Fonte da Juventude. Talvez porque, embora nos doa aceitar, essa fonte não existe.

Mas não foi só isso que tirou o sono da humanidade. Foi a riqueza também. E muitos perderam a vida buscando-a.

Em abril de 1536, quase mil soldados europeus sob o comando de Gonzalo Jiménez de Quesada partiram de Santa Marta, na costa noroeste da Colômbia, buscando uma nova rota para o Peru.

Depois de um ano de penúrias, tanto pelos perigos da selva como pelas flechas envenenadas dos nativos, muitos conquistadores haviam morrido.

Decidido a voltar com apenas duzentos sobreviventes, Jiménez de Quesada encontrou plantações de batata e milho cuidadosamente cultivadas. Nas proximidades, havia algumas aldeias de cujas casas pendiam finas folhas de ouro. Eram os chibchas, ou muíscas.

Surpreendidos pela chegada dos estrangeiros, e assustados também, especialmente por causa dos cavalos, muitos habitantes originários abandonaram suas aldeias. Outros, porém, confundiram os invasores com deuses que desciam do céu e lhes ofereceram comida, mulheres e o ouro que os europeus tanto cobiçavam. Aparentemente, os chibchas obtinham aquele ouro de outras tribos, dando em troca sal e esmeraldas, que eles tinham em abundância. A verdade é que, em poucos meses, Jiménez de Quesada subjugou a região inteira sem perder um único homem.

Contudo, não conseguia descobrir a fonte do ouro chibcha. Até que um dia, um ancião lhe contou sobre uma estanha cerimônia.

Segundo o idoso, a cada ano centenas de membros de diversas tribos chegavam de longe para se reunir às margens de um lago profundo situado na cratera de um vulcão extinto. Lá, o chefe era despido, besuntavam seu corpo nu com argila e o salpicavam com pó de ouro até transformá-lo em o Eldorado. Depois, era levado até uma balsa, onde quatro caciques se juntavam a ele. Uma vez cuidadosamente carregada com oferendas de ouro e esmeraldas, a balsa era empurrada para o lago enquanto uma música sublime acompanhava o ritual. Então, os caciques jogavam as oferendas na água. Mais tarde, o chefe também mergulhava e emergia das profundezas com o corpo limpo.

As riquezas jogadas naquele lago como oferenda aos deuses eram a origem do ouro dos chibchas.

Encantado com o relato, Jiménez de Quesada decidiu ir com seus homens em busca do Eldorado. Mas, quando estava prestes a partir, soube que mais duas expedições se aproximavam em busca do mesmo sonho.

Os três líderes já estavam dispostos a travar uma guerra, quando decidiram que o rei Carlos deveria pôr fim à disputa. Mas o rei não tomou partido de ninguém e todos se perderam na história, sem muita relevância. Sabemos que Jiménez de Quesada morreu de hanseníase com quase oitenta anos.

Mas seu anseio não morreu com ele. Muitos outros buscaram o Eldorado.

Entre eles, Gonzalo Pizarro, irmão do conquistador do Peru, que cruzou os Andes e a selva em busca do tesouro. Em sua travessia, encontrou uma tribo cujas mulheres eram arqueiras melhores que os homens. Por associação com a lenda grega das mulheres guerreiras, batizou o rio com o nome de Amazonas. Mas, na verdade, Orellana já havia ouvido dizer que os índios chamavam aquele rio de *Ammassonas*, que na língua deles queria dizer "destruidor de canoas".

Já no século XIX, o naturalista Alexander von Humboldt calculou que no leito do lago Guatavita, suposto lugar do rito, jazia um tesouro de 300 milhões de dólares.

Em 1912, um grupo de perseguidores de origem britânica esvaziou as águas do rio com bombas em busca do tesouro. Mas não encontraram nada.

Por fim, no ano de 1965, o governo colombiano declarou que o lago era sítio histórico e pôs fim à busca de um tesouro pelo qual tantos haviam morrido.

Um tesouro que talvez jamais tenha existido.

* * *

Penso em Jiménez de Quesada e sua obsessão em obter uma riqueza interminável. Em Ponce de León ou Dorian Gray e a obcecada busca pela juventude eterna. Em Aquiles e seu anseio de glória e fama imperecíveis.

Como é difícil para o ser humano aceitar a ideia de que tudo não é possível! De que, se a felicidade existe, é uma felicidade em falta: uma *faltacidade*.

Para que buscar o eterno se a vida não passa de um breve espaço de existência entre duas enormes inexistências? Nada éramos antes de nascer e nada seremos depois de morrer.

Há muito tempo, escutei a poetiza Eladia Blázquez dizer que não adiantava nada que depois de sua morte batizassem uma praça com seu nome. Que ficaria feliz se o fizessem enquanto ela o pudesse presenciar.

Algo similar ocorreu com Gioachino Rossini. Em sua velhice, o grande músico e compositor sempre foi muito venerado. Em uma reunião de amigos e admiradores, falaram de erguer um monumento em sua homenagem. Estando presente, Rossini perguntou quanto custaria esse monumento. Responderam que sairia vinte mil libras. Depois de refletir um instante, ele disse: "Se me derem dez mil, eu mesmo ficarei no pedestal um pouco por dia".

Penso que Eladia e Rossini tinham razão. Afinal de contas, aquilo que chega a destempo é como se nunca houvesse chegado.

Para que a felicidade aconteça, é imprescindível estar presente.

Há na felicidade algo de urgência. "Quero ser feliz esta noite. Quero que essa pessoa me abrace agora."

Os mitos e a poesia nos convidam a sonhar com um lugar secreto onde alguém nos amará para sempre se o descobrirmos, e poderemos beijá-lo em uma noite de lua cheia sob o uivo de um lobo e o olhar de um corvo pousado no galho mais alto de uma árvore seca.

Essas provas que os milagres exigem só servem para apontar uma dificuldade: a impossibilidade material de que o fato aconteça.

O fio condutor que nos liga aos perseguidores é o fato de que, no fundo, todos buscamos a felicidade, embora cada pessoa ponha o foco em um lugar diferente. Naquilo que acha que precisa para ser feliz. Algo que, em geral, está ligado à sua história e à sua maneira particular de vivenciar sua falta.

Ao longo de seus ensinamentos, Lacan conceituou a "falta" de maneiras diferentes. A partir de 1956, o conceito designa a falta de um objeto em particular e se manifestará de maneiras diferentes segundo as características desse objeto faltante.

Assim, ele diferenciou três possíveis formas da falta: a privação, a frustração e a castração.

Já falamos um pouco sobre isso.

Das três formas da falta, a mais importante para a teoria analítica é a castração. Tanto que, em nossa prática, "falta" e "castração" são termos que costumamos utilizar como sinônimos. Quando dizemos que um paciente precisa assumir sua falta, na verdade estamos dizendo que ele tem que assumir sua castração.

Vamos esclarecer.

Lacan define a castração, no âmbito simbólico, como a falta de um objeto imaginário. Com isso, quer dizer que somos nada mais que seres humanos, portanto jamais estaremos completos. Sempre nos faltará alguma coisa. Então, para preencher esse vazio estrutural que nos percorre, cada um de nós constrói um objeto que idealiza; um objeto maravilhoso que, a partir desse momento, será o responsável por cobrir nossa falta.

O objeto pode ser qualquer um: juventude, beleza, dinheiro, sucesso ou família. Não importa qual, desde que possa, de maneira imaginária, aplacar o sentimento de vazio que nos angustia. Uma vez construído, esse objeto se tornará o mais valioso de nossa vida.

Esse objeto foi a juventude para Ponce de León e para muitas pessoas que hoje se submetem a tratamentos violentos tentando disfarçar a passagem do tempo. Foi o dinheiro para quem saiu em busca do Eldorado, ou para quem, hoje, deixa de lado seus afetos ou sua felicidade por um crescimento econômico que nunca será suficiente. Bertrand Russell perguntaria: *o que sabem essas pessoas de seus filhos?* O objeto foi o poder para os traidores que assassinaram seus imperadores pelas costas para ocupar seu lugar. O amor iludiu o jovem Romeu, que, para consegui-lo, arriscou-se a morrer na varanda de seus inimigos, os Capuletos.

Dissemos que toda busca está condenada ao fracasso. Por quê? Porque costumamos buscar aquilo que acreditamos que cobrirá nossa falta. É quando entramos em um labirinto sem saída. Porque aquilo que nos falta nos faltará sempre.

Não existe felicidade sem falta.

Por isso, não se trata de encontrar a felicidade, e sim de pensar a *faltacidade.*

5
FELICIDADE E FRUSTRAÇÃO

Dissemos que ninguém pode se sentir frustrado e ser feliz ao mesmo tempo.

Dissemos, também, que sempre faltará algo para todos nós. Assim como a castração, a frustração é outra forma de manifestação da falta. Para evitar que o termo se torne um "falso amigo", vamos defini-lo.

Lacan define a frustração como a falta imaginária de um objeto real. Com isso, quer dizer que nos sentimos frustrados quando nos falta algo que julgamos merecer. Para que surja a frustração, essa falta deve estar acompanhada da sensação de injustiça, de que merecíamos o objeto de cuja falta padecemos.

Por exemplo, quando as câmeras de televisão captam o rosto dos perdedores de uma competição, alguns aplaudem e sorriem, mas aqueles que julgavam merecer o prêmio se levantam e saem indignados, ou expõem sua raiva.

Isto é frustração: um estado que causa um desgosto que precisa ser resolvido da maneira mais saudável. Do contrário, quem se sente frustrado só terá dois caminhos: projetar sua raiva ou guardá-la dentro de si.

A projeção é um mecanismo de defesa que consiste em expulsar sentimentos ou desejos e jogá-los sobre algo ou alguém externo.

Assim, a pessoa frustrada fica com raiva de Deus, da vida, do destino ou dos outros, a quem responsabiliza por sua falta.

As pessoas costumam ser bastante condescendentes consigo mesmas, e é mais fácil projetar a culpa de nossos fracassos que assumir a responsabilidade que nos cabe. Não é fácil mudar essa atitude. Pelo contrário, é o resultado de um caminho árduo.

A emoção é muito mais rápida que o pensamento.

A autocrítica é fruto do pensamento, ao passo que a raiva é fruto da emoção. Por isso, quando acontece algo que mexe conosco, é de se esperar que surja uma reação emocional antes que uma racional. Para mudar isso, é preciso desenvolver duas capacidades: aumentar a velocidade do pensamento e lentificar a resposta emotiva. Só então, quando recebermos um estímulo desagradável, poderemos avaliar o comportamento adequado em vez de imediatamente devolver a agressão.

A segunda opção diante da frustração é manter a raiva dentro de nós. Mas, se a raiva não puder ser resolvida de modo saudável, também gerará uma reação agressiva. A diferença é que essa agressão, em vez de ser projetada sobre algo ou alguém externo, se voltará para o próprio $ujeito, produzindo estados de depressão, culpa ou melancolia. Ou incitando-o a realizar atos que o ponham em perigo, que inclusive o levem à autodestruição.

Qualquer que seja o caminho que a raiva tome, fica claro que uma pessoa frustrada não pode ser feliz.

Penso em Fernando, um paciente de quarenta e cinco anos. Seu pai era arquiteto e sua mãe, médica. Viviam em um bairro que ele descreve como "maravilhoso". Em uma "casa com piscina". Pelo menos uma vez por ano, seus pais iam para a Europa. Mas, hoje, Fernando aluga um apartamento de três cômodos que paga com muito esforço e há muito tempo renunciou às viagens de lazer.

Em seu relato, percebe-se o reconhecimento a seus pais pela ascensão social e o desdém por sua própria queda. Às vezes, sente-se responsável por isso. Outras, não. Então, fica com raiva e joga a culpa nas circunstâncias, no país, inclusive em sua família. Com medo de complicar ainda mais a situação, recusa-se a fazer alguma coisa. Está paralisado e procrastina todos os desejos.

Fernando goza.

Autoflagela-se.

Sente-se frustrado.

Umas vezes, projeta sua raiva; outras, essa raiva o machuca. Oscila em um vaivém constante entre a projeção e a introjeção. Às vezes, sente inveja de quem tem o que ele julga merecer. Quando não, odeia a si mesmo e se pergunta por que está "parado", por que não consegue "alcançar o mundo", expor-se e ir atrás do que deseja, se tantos, com menos méritos que ele, conseguiram. Mas ele não consegue. Porque, como costuma dizer: é um "fracassado". E isso o frustra.

Eduardo Galeano disse que o código moral do fim do milênio não condena a injustiça, e sim o fracasso. Infelizmente, o mesmo acontece neste começo de milênio. Porém, fracassar é o destino da maioria dos nossos sonhos. A vida é um território com mais fracassos que conquistas. É um território confuso.

Podemos escrever um livro extraordinário e não alcançar a expectativa de vendas ou de popularidade. Então, até onde o fracasso comercial deveria nos frustrar?

Vamos recordar mais uma vez o que Victor Hugo disse sobre o sucesso, mas sem deixar que a proximidade com o mérito nos confunda. Precisamos resistir à tentação de cair na doutrina da meritocracia. Do contrário, o ressentimento e a queda do amor-próprio serão fatais.

Fernando sabe, mas não consegue evitar.

Ele se compara com os pais e sofre.

Às vezes, a aceitação da "falta" o tranquiliza. "Ninguém pode tudo", diz para se acalmar.

Isso não é algo sem importância. Dado que a falta é estrutural e sempre gerará uma emoção (dor, raiva, angústia, tristeza), a felicidade dependerá também de como responderemos à iminência dessa falta que, mais cedo ou mais tarde, ficará evidente.

Mas existem momentos nos quais parece não haver falta, momentos enganosos em que ocorre algo extraordinário ou aparece alguém tão especial que gera um resplendor, um brilho que ofusca sua sombra.

O melhor exemplo é o amor. Quando alguém se apaixona, quando dá o primeiro beijo ou tem o primeiro encontro sexual, é como se a morte não existisse e as perdas não importassem. Por quê? Porque o deslumbramento gerado pelo encontro cega tanto que a falta se torna imperceptível.

Alguns chamam isso de felicidade.

É a isso que se refere quem defende que "a felicidade são instantes". Instantes nos quais afastamos o véu que cobria aquilo que não tínhamos, que nunca teremos ou que perdemos. Mas esses estados são muito efêmeros.

Se, como disse Hegel, somos apenas seres de pouca importância que caminham sobre um pedaço de pedra escuro que gira ao redor do Sol, precisamos reconhecer, no mínimo, que esses seres humildes são conscientes do tempo, de sua falta e, portanto, da morte.

Como disse Horacio Ferrer, os seres que não sabem da morte não têm tempo, não têm nem passado nem futuro. O ser humano, sim.

Saber-nos mortais será uma grande frustração se acreditarmos que não merecemos a morte.

6
FELICIDADE E MORTE

Antonio Gala disse certa vez que a morte não era uma má ideia. Contrariando a ideia que eu mesmo sustentei sobre a morte ser uma injustiça, Gala me fez duvidar. Hoje, acho que ele tinha razão. Que chega um momento em que é hora de morrer.

Contam os mitos que Aurora, deusa do amanhecer, perdidamente apaixonada por Titônio, pediu a Zeus que concedesse a imortalidade ao jovem. Mas se esqueceu de pedir também que lhe outorgasse a juventude eterna. E esse esquecimento teve consequências.

Titônio envelhecia dia após dia e, em vez de juventude eterna, trancado em um palácio, teve que suportar uma velhice sem fim.

A imortalidade só é desejável em companhia de um corpo que não sinta os achaques do tempo e continue reagindo aos embates da paixão. A ideia da morte é impactante porque põe fim aos sonhos e indica que aquilo que não conseguimos, não conseguiremos jamais. O tempo acabou. É um limite, um "chega", um abismo de desconhecimento que angustia. Às vezes, porém, promete alívio.

A consciência da finitude nos faz humanos, mas não deve ser usada como um pretexto para renunciar à tentativa de ser feliz.

O romantismo construiu um olhar particular que fez da dor um mérito: o apaixonado que sofre, o herói que morre padecendo.

Vamos, mais uma vez, retomar Bertrand Russell. Em *A conquista da felicidade*, ele ataca aqueles que militam pela infelicidade.

Pessoalmente, não acho que o fato de ser infeliz indique alguma superioridade mental. O sábio será feliz na medida das circunstâncias, e, se a contemplação do universo lhe for insuportavelmente dolorosa, contemplará outra coisa no lugar. É isso que me proponho a demonstrar neste capítulo. Pretendo convencer o leitor de que, por mais que se diga isso, a razão não representa nenhum obstáculo à felicidade; e mais: estou convencido de que aqueles que, com toda a sinceridade, atribuem suas dores à sua visão do universo colocam a carroça na frente dos bois: a verdade é que são infelizes por alguma razão da qual não têm consciência, e essa infelicidade os leva a se regozijar nas características menos agradáveis do mundo em que vivem.

De maneira provocativa, Russell diz que aqueles que vivem de modo trágico mentem uma postura romântica e lúcida, quando, na verdade, sofrem por suas próprias limitações. Talvez por traumas que carregam do passado. Ele sentencia isso com uma frase bem psicanalítica: *são infelizes por alguma razão da qual não têm consciência*. Ou seja, sofrem por razões inconscientes.

É um ponto interessante. Não ser um profissional da tristeza. Não habitar o mundo exagerando o sofrimento.

É verdade: a consciência da finitude é a espada de Dâmocles que pende sobre nossa cabeça. Mas recordemos ao poeta as palavras de Freud: não devemos renunciar à felicidade só porque as coisas são passageiras.

* * *

Há quem afirme que a felicidade é uma meta a alcançar. A constituição dos Estados Unidos a considera inclusive um direito. Isso me espanta. A carta magna de um país pode garantir muitas coisas, mas não determinar como funciona o psiquismo de cada um de seus habitantes.

A felicidade não é uma meta nem um direito, é um desafio.

O desafio de sustentar o olhar diante da ideia da morte sem desmoronar. Não podemos permitir que a existência da morte e das perdas nos roube a possibilidade de ser feliz. Nem deve nos tirar o direito à dor. Muitos se perguntam: "Para que sofrer se vou morrer mesmo?". "Por que chorar por essa pessoa que me enganou se, daqui a pouco, estarei morto? Se um dia serei parte desse abismo de silêncio e de nada, por que sofrer agora por algo tão pequeno como uma traição?".

Ambas as posturas são questionáveis. Podemos ser felizes e também chorar por nossas perdas, mesmo sabendo que vamos morrer.

A ideia da morte não impede a felicidade nem obtura a dor, porque o aqui e agora é tão poderoso que não basta a ameaça para evitar o sofrimento provocado por um abandono, a perda de um amor ou a morte de um ente querido.

Não é tão simples.

A certeza da finitude não basta para escurecer a alegria de uma carícia, a força de um encontro amoroso, ou para nos transformar em felizes iludidos.

A morte está no futuro e o futuro não é alívio para a dor presente. Por isso, essas palavras de consolo que convidam o abandonado a pensar que em breve estará melhor não servem para nada. Embora essas palavras estejam certas. Embora o tempo passe e traga alívio, esse alívio também habita o amanhã e não pode impedir o sofrimento do presente.

Da mesma maneira, a ameaça da morte não deveria bastar para que renunciemos à felicidade. Porque a felicidade está no presente. A ameaça da morte é quase um convite a buscar momentos de prazer agora.

Eu já disse algumas vezes que ninguém pode ser feliz senão ao preço de certa ignorância.

Em *História universal da infâmia*, no relato dedicado a Monk Eastman, o provedor de iniquidades, Borges escreve:

> *Havia levado cinco tiros. Feliz desconhecedor da morte, um gato do mais ordinário o rondava com certa perplexidade.*

Feliz desconhecedor da morte.

Era a isso que eu me referia, e, aqui, fica explícita a pergunta: somos mais felizes na ingenuidade, no desconhecimento da morte?

Com muita astúcia, Borges adjetiva para produzir o efeito de sentido. Se a palavra "feliz" não estivesse ali, o gato desconhecedor da morte seria apenas um ser ignorante e não geraria nenhum impacto, muito menos a sensação de que, para evitar a tragédia, é preciso desconhecer a morte.

Hoje não tenho muita certeza de que essa descoberta promova felicidade. Penso, por outro lado, que a certeza da finitude, esse sentimento trágico da vida, como disse Unamuno, é o que abre a possibilidade de ser feliz. É o limite, a consciência de não termos todo o tempo do mundo que nos convida a sair da letargia e enfrentar a batalha pela felicidade.

A vida está cheia de tragédias e dores que antecedem a morte. Ninguém teve uma vida maravilhosa até que, certa manhã, de repente, morre. A vida é um lugar dramático. Há dificuldades, perdas e ilusões desfeitas. Mas também há prazer e desejos que se concretizam.

Costumamos confundir dramático com trágico. Não são a mesma coisa.

Quando os gregos criaram a arte teatral, pensaram no relato de um drama, uma "trama" que às vezes contava uma comédia e outras uma tragédia. Ao dizer que a vida é dramática, me detenho nessa ideia para apontar que é um lugar onde convivem o trágico e o festivo. Mas a certeza do desenlace inevitável, a morte, nos convida a imaginar um final com rufar de tambores.

Também não tenho certeza disso. Talvez o momento de morrer não seja sempre o ato mais doloroso da vida.

Eu já olhei nos olhos da morte.

Mais de uma vez, estive ao lado de pessoas agonizantes, sentado na cama com elas, segurando suas mãos, acompanhando, e muitas delas eu havia visto sofrer mais que naquele instante. Por isso, acho que é possível que o fantasma da morte, esse abismo que não se pode simbolizar, perturbe mais uma pessoa cheia de vida que um moribundo.

O nascimento e a morte são os fatos transcendentais que marcam o começo e o fim de uma vida. Isso não implica que o dia do nascimento seja o mais feliz nem que o dia da morte seja o pior.

O mais importante dos nossos dias é aquele no qual compreendemos quem somos e o que desejamos.

Um dia que implica, ao mesmo tempo, um começo e um fim.

Lembro uma entrevista com Arthur Rubinstein.

Esse que talvez tenha sido o melhor intérprete de Chopin da história comentava que já fazia um tempo que escutava jovens pianistas excepcionais. Jovens que tocavam perfeitamente, embora nenhum deles fosse músico, porque, ao escutá-los, podia apenas dizer: "É extraordinário. Um segundo Chopin ou um segundo Liszt". E Rubinstein se perguntava: "Mas onde está ele naquilo que faz?".

Essas palavras me levaram a um episódio da vida de Astor Piazzolla.

Em 1949, Piazzolla abandonou o bandonéon e mergulhou no mundo da música acadêmica. Desapareceu dos cabarés e dos cafés e tentou sobreviver como arranjador de outras orquestras e compositor de música incidental para o cinema. Assim, aos poucos, realizou obras que tinham uma concepção diferente do tango tradicional, e foi aí que começou a se gestar seu estilo particular.

Em 1951, compôs *Buenos Aires (Tres movimientos sinfónicos)*, uma obra erudita que mudaria seu destino.

Astor a apresentou no concurso pelo prêmio "Fabien Sevitsky", que outorgava a soma de 5.000 pesos (naquela época, 250 dólares).

Fabien Sevitzky era um famoso regente russo, e parte do prêmio consistia em que ele mesmo iria à Argentina para reger a obra vencedora. E essa obra foi *Buenos Aires (Tres movimientos sinfónicos)*.

Como estava previsto, em agosto de 1953 Sevitzky chegou ao país e regeu a composição de Piazzolla no auditório da Faculdade de Direito. O estranho era que essa sinfonieta incluía dois bandonéons. No fim do concerto, poucos aplaudiram, muitos se retiraram indignados e houve, inclusive, quem se pegasse aos socos.

Diante da frustração de Piazzolla, o próprio Sevitzki o consolou recordando-lhe os escândalos que ocorreram quando Stravinski estreara *A sagração da primavera* e Ravel, seu famoso *Bolero*.

— Não se preocupe — disse. — É publicidade.

Mas o mais importante era que o concurso também concedia uma bolsa de estudos em Paris. Reconhecimento de que Astor se valeu para estudar com Nadia Boulanger, professora de Quincy Jones, Michel Legrand, Egberto Gismonti, Daniel Barenboim, entre outros.

O encontro com Boulanger foi impactante. Assim conta Piazzolla:

> *Cheguei à casa de Nadia com uma mala cheia de partituras; ali estava toda a obra clássica que eu havia composto até aquele momento. Nadia dedicou as duas primeiras semanas a analisá-la. "Para lhe dar aulas — disse —, primeiro preciso saber para onde sua música aponta." Um dia, por fim, ela disse que tudo aquilo que eu havia levado estava bem escrito, mas que não encontrava o espírito.*

Ao ouvir essas palavras, Astor ficou desolado. Mas não cedeu ao fracasso inicial e continuou frequentando as aulas. E fez bem, porque a professora encontraria algo naquele músico argentino.

> *Ela me perguntou que música eu tocava em meu país, que inquietudes tinha. Eu não lhe havia contado nada de meu passado no tango e muito menos que o instrumento era o bandonéon que estava no guarda-roupa do quarto, lá em Paris.*
>
> *Eu dizia a mim mesmo: se lhe disser a verdade, ela me joga pela janela [...] dois dias depois, tive que ser sincero. Contei-lhe que ganhava a vida fazendo arranjos para orquestras de tango [...] e que, cansado de tudo, achava que meu destino musical estava na música clássica.*
>
> *Nadia me olhou nos olhos e me pediu que tocasse um dos meus tangos no piano. Então, confessei o bandonéon, disse que não esperasse escutar um bom pianista, porque, na verdade, eu não o era. Ela insistiu. "Não importa, Astor, toque seu tango." E comecei com* Triunfal. *Quando terminei, Nadia pegou minhas mãos e,*

com aquele seu inglês tão doce, disse: "Astor, é lindo, aqui está o verdadeiro Piazzolla; não o abandone nunca".

E essa foi a grande revelação de minha vida musical.

Estimulado por aquelas palavras, Piazzolla desatou um frenesi criativo que passara muito tempo contido.

A partir de então, Astor foi Piazzolla.

Essa história sugere uma ideia: o fracasso independe do resultado. O verdadeiro fracasso surge quando não há nada de nós mesmos no que fazemos. Quando a obra está alienada do autor.

Podemos ganhar. Podemos perder. Mas quanto de nós estava em jogo? E não penso só em obras de arte ou concursos. Penso no amor, na amizade, nos projetos profissionais, na vida. Há algo de nós em nossa vida, ou fracassamos?

Pode ser que, quando algo não saiu como esperávamos, mas estivemos presentes no que fizemos, devamos aceitar a derrota sem tanto sofrimento e sem medo do julgamento alheio.

Isso não é fácil em um mundo em que a única coisa que importa é o resultado. Em um mundo que nos incita a buscar só o fim. Mas a vida não é o fim, é o "caminho percorrido". O fim é sempre o mesmo: a morte. Então, quer dizer que todos fracassamos?

Penso no espírito agonal dos gregos.

Nem sempre devemos nos frustrar por algo que não conseguimos.

Isso é importante para diferenciar os momentos felizes. Do contrário seria muito fácil: os momentos de sucesso serão felizes e os momentos de derrota serão infelizes.

Mas não é tão simples.

Sejamos disruptivos e separemos o sucesso do resultado.

A derrota e a vitória são consequências possíveis cada vez que tomamos uma decisão e empreendemos um caminho, e nenhuma das duas fala dos méritos nem do nível de felicidade.

Ser feliz não é a mesma coisa que ter sucesso.

E fracassar não nos condena à infelicidade.

7
FELICIDADE MENTIDA

Uma noite como muitas na vida de um casal de classe média. Enquanto se preparam para jantar, conversam animadamente. Ao fundo, ouve-se o som da TV. De repente, silêncio. O aparelho não funciona mais. O homem dá um tapa na TV para ver se volta a ligar. A mulher chama o técnico.

Continuam pondo a mesa, e, sem a distração da televisão, a conversa fica mais profunda, mais difícil e incômoda, até que escala a um nível inesperado de agressão que acaba com a revelação de segredos e insultos. Inclusive agressão física. A cena é opressiva. Quando já está quase virando tragédia, a campainha toca. O técnico chegou. Em poucos minutos conserta a TV e vai embora.

O casal comemora por não ter sido nada importante. Aumentam o volume, sentam-se para comer. Logo estão rindo e, aos poucos, mergulham outra vez na rotina, como se nada houvesse acontecido.

Esse é o argumento de *El gran deschave*, uma peça teatral escrita por Armando Chulak e Sergio De Cecco.

Eu tive a oportunidade de vê-la na versão original, com a direção de Carlos Gandolfo e as atuações de Federico Luppi e Haydeé Padilla.

Saí impactado. Eu era novinho, acho que ainda não tinha dezesseis anos. Naquela época, não se falava de violência de gênero nem de outros temas importantes que hoje ganharam visibilidade.

No começo da peça, só vi uma família clássica. Um casal comum. Até que o clima começou a ficar pesado. Eu não conhecia aquele grau de violência intrafamiliar. Tinha a sorte de ter crescido em um lar em que reinavam o afeto e a harmonia. Meus pais jamais discutiram e se amaram até que o câncer de meu pai pôs um ponto-final na história dele. Na história, não. A história continua, ainda hoje. Como escreveu Miguel Ángel Morelli, ninguém morre por completo se engravidou o ventre da recordação.

Aquela peça me marcou.

No palco, aquele casal simulava uma felicidade, um paraíso artificial que só se sustentava graças ao véu da distração.

Hoje, com os holofotes mais bem dirigidos, sabemos que se trata de algo muito mais comum que o desejável. Que há vidas dolorosas e pessoas muito frustradas que fecham uma cortina que esconde uma verdade que não querem ver. Assim, cortina após cortina, fingem uma felicidade que não existe. É difícil parar para questionar se estamos onde e com quem queremos estar. Se somos quem desejamos ser ou se, por medo, seguimos adiante e sustentamos realidades que não deveriam se sustentar.

Viver é complexo, e inventar felicidades aparentes é uma tentação à qual é difícil resistir, às vezes.

Lembro os fins de semana de minha infância.

Dias que passava feliz entre primos queridos, jogando futebol e subindo em árvores. Domingos nos quais religiosamente se fazia massa caseira e os adultos falavam quase sempre do mesmo assunto, até que, para coroar a tarde, jogavam um campeonato de truco. Riam. Pareciam felizes. Como se aquilo fosse importante. E acho que a alegria era genuína. Era mesmo?

Muitos maquiam a realidade porque estão mais perto das necessidades básicas que do desejo.

É que talvez a felicidade seja um conceito elitista. Um ideal que requer que sejamos capazes de nos perguntar por nosso desejo. Algo que quem tem uma necessidade vital não pode fazer. Um ser necessitado talvez precise enfeitar sua existência enquanto, como dizia Schopenhauer, sua vida transcorre em um pêndulo que vai do tédio à dor.

Às vezes, ouço relatos de passados supostamente felizes e sinto que não foram assim. Que é meio doloroso olhar para atrás e ver que os momentos mais felizes de meu pai tinham a ver com jogar truco aos domingos. E não porque aí não existisse felicidade, em absoluto. Mas não posso deixar de me perguntar se existia mesmo ou se era só uma máscara.

El gran deschave evidencia o esforço que duas pessoas fazem para não admitir que não são felizes, que não estão onde querem estar, que não estão com quem querem estar, que não conversam há muito tempo, e que, mesmo assim, esforçam-se para sustentar o insustentável.

Mas não vamos confundir: isso não tem a ver com questões de classe.

Yoly, aquela querida personagem de Lanús interpretada por Nelly Fernández Tiscornia, da qual falamos em outro livro meu, estava onde queria. Por isso, recusava-se a ir aos Estados Unidos para obter tranquilidade econômica e ascensão social. Porque não queria ir para nenhum outro lugar. Ali, em seu quintal pobre, com a roupa pendurada acima da mesa onde comia, era quem queria ser, estava com quem desejava estar. E se sentia feliz.

Se substituirmos o campeonato de truco por uma partida de pôquer, talvez também poderíamos estar diante de gente que maquia seu cotidiano para não perceber sua infelicidade.

O desespero com que o casal de *El gran deschave* recoloca seus véus quando chega o técnico e arruma a televisão nos convida a pensar nas coisas que se calam para manter uma situação, quando, talvez, fosse necessário questionar o preço que se paga para que essa situação se mantenha.

Talvez, para algumas pessoas, haja coisas mais importantes que a felicidade. Por exemplo, não ficar sozinho. Ou manter o que Byung-Chul Han denominou um "conforto apático".

A felicidade não é confortável.

Todas as coisas importantes da vida são incômodas.

Caminhar rumo ao que desejamos é incômodo. É vertiginoso.

Dissemos que o gozo implica um deleite em lugares dos quais não podemos sair. Uma vocação especial para o sofrimento ou a repetição de atitudes que machucam. Assim, o gozo não é um território de conforto?

Em nosso tempo, trata-se de um conceito valorizado, mas certamente um homem de Cro-Magnon ou um Neandertal não estavam preocupados em ter um colchão confortável em sua caverna para dormir. Sua preocupação era comer e não ser comido, mais nada. Não havia conforto naquela época. Havia necessidade de sobreviver.

Conforto é um galicismo procedente da palavra francesa *confort*, que, por sua vez, provém do latim *confortare* (aquilo que produz bem-estar e comodidade).

O amor e a paixão não são estados confortáveis. Nem a verdade. Pelo contrário, as coisas transcendentais nos jogam a mundos inseguros onde a dor é uma ameaça permanente.

Assim como a esperança, o conforto convida a deter o desejo, porque o desejo é mudança, é risco. Quem busca o conforto pode ser dominado com muito pouco. Em contrapartida, um sujeito lançado à busca da felicidade é uma pessoa muito difícil de manipular. É um ser disposto inclusive a arriscar a vida por um ideal de liberdade, de justiça. Ou por um amor.

De qualquer maneira, não se deve confundir essa acepção da palavra "conforto" com a outra: confortar também significa dar vigor, espírito e força; animar, consolar o aflito. Algo que nós, analistas, conhecemos muito bem.

Pouco antes da Revolução Industrial na Inglaterra, o filósofo David Hume concebeu a ideia de que o conforto podia ser visto como mais uma forma de beleza que gratificava os sentidos e aumentava a felicidade humana.

Um pensamento que vai na mesma direção do poder. Estava equivocado.

Se a felicidade existe, tem que ser incômoda.

V
APESAR DO HORROR

Uivando entre relâmpagos, perdido na tormenta da minha noite interminável, Deus!, busco o teu nome.

Enrique Santos Discépolo

1
FELICIDADE ESCONDIDA

Costumamos falar de sentimentos "humanitários" quando aludimos à bondade, à compreensão ou à generosidade. Ao contrário, quando alguém comete um ato cruel, negamos sua humanidade e dizemos que se trata de um monstro ou de um animal. Nada mais errado. A crueldade é uma característica puramente humana. Não gostamos dessa ideia e tendemos a negá-la, mas, com poucas exceções, pertencemos a uma espécie que agride aquilo que não entende, que odeia o diferente e destrói tudo o que se opõe a ela. Uma espécie que inventou a guilhotina, a tortura e a guerra. E, em meio aos horrores de uma das tantas guerras que a humanidade travou, denominada a "Grande Guerra", a mesma na qual um sobrinho de Freud morreu, a mesma que fazia Einstein se questionar, um homem chamado Otto Frank lutou defendendo a Alemanha. Mas isso de pouco lhe valeria: alguns anos mais tarde, Otto não seria um herói de guerra para o nazismo; seria um judeu.

Otto Frank nasceu em maio de 1889, no seio de uma família de judeus liberais. Ainda muito jovem, estabeleceu-se em Nova York, até que a morte inesperada de seu pai fez que voltasse à Alemanha. Em 1915, alistou-se no exército para defender seu país na Primeira Guerra Mundial. Ao fim da guerra, com a patente de tenente e condecorado, começou a trabalhar no banco de sua família.

Era um homem esforçado e responsável que aos trinta e seis anos se casou com Edith Holländer, com quem teve duas filhas: Margot e Annelies, a quem chamavam simplesmente de Anne.

Eram tempos difíceis.

A Alemanha atravessava uma crise que mergulhou grande parte da população em um estado de pobreza extrema. A vergonha pela derrota sofrida na guerra, as condições opressivas do tratado de Versalhes, as necessidades econômicas e a raiva que o povo alemão sentia engendraram o ambiente propício para o surgimento de um *Führer*, um guia messiânico que levaria a nação a uma nova guerra.

Graças ao descontentamento e à insatisfação geral, Hitler foi ganhando apoio popular, até conseguir o cargo de chanceler. Era o ano de 1933. Ano em que Otto e Edith tomaram a decisão de abandonar a Alemanha. Assustados com a crise econômica, mas muito mais com o antissemitismo nazista, migraram para Amsterdã, onde a família tentou construir uma nova vida.

Nesse ambiente pacífico e em um lugar aberto à diversidade cultural e religiosa, Otto foi conseguindo, aos poucos, uma vida boa para ele e sua família. Suas filhas se adaptaram com facilidade à nova terra, aprenderam o idioma e fizeram amizades. Mas a tranquilidade acabou abruptamente em maio de 1940, quando o exército alemão invadiu os Países Baixos.

A partir desse momento, o inferno voltou, não só para a família Frank, mas também para todos os membros da comunidade judaica.

Otto, porém, era um homem especial. Sua bondade lhe havia angariado o respeito e carinho de seus funcionários, e, graças a isso, pôde manter seus negócios funcionando sem chamar a atenção dos nazistas.

Pouco depois, quando começaram a prender homens judeus para os mandarem ao campo de concentração de Mauthausen, Otto achou que era hora de abandonar os Países Baixos e se estabelecer nos Estados Unidos. Tentou, mas não conseguiu. Sempre faltava um documento, um trâmite que o impedia. Enquanto isso, recebia notícias de que seus amigos morriam em Mauthausen.

Ciente do desastre que se avizinhava, o homem tomou uma decisão que parecia uma loucura: construir um esconderijo. Usou uma parte de sua empresa e começou a preparar uma morada que pudesse alojar sua família e, se fosse necessário, também a de Hermann van Pels, que trabalhava para ele e com quem havia criado laços afetivos. Quatro funcionários seus mais próximos participaram do projeto e se comprometeram a abastecê-los de tudo que fosse necessário caso tivessem que se esconder.

Mas, apesar de sua previdência, um fato inesperado apressou as coisas: sua filha Margot recebeu a ordem de se apresentar em um campo de trabalho na Alemanha. Otto sabia o que isso significava e não hesitou. No dia seguinte, com sua mulher e suas filhas, foi para o esconderijo que ainda não havia terminado de arrumar e se recolheu à parte posterior do edifício da rua Prinsengracht 263. A família van Pels chegaria uma semana depois. Uns meses depois, Fritz Pfeffer se juntaria a eles.

O lugar estava lotado, não havia espaço para mais ninguém. E, assim, aquelas oito pessoas – Otto, sua esposa Edith, suas filhas Margot e Annelies, Hermann van Pels, sua esposa Auguste, seu filho Peter e Fritz Pfeffer – começaram uma convivência que duraria dois anos, de 1942 a 1944. Durante esse tempo, dependeram dos funcionários e amigos, que, arriscando a vida, forneciam-lhes alimentos, roupas e até livros e jornais para que os jovens continuassem estudando e os adultos estivessem a par dos acontecimentos.

Como era de se esperar, Otto assumiu a liderança do Anexo Secreto, como chamavam aquele lugar cuja entrada era uma porta oculta atrás de uma estante de livros. Ele era o "tranquilo", o que equilibrava todo mundo e fazia a mediação de qualquer discussão que surgisse – e não eram poucas.

Podemos imaginar a situação.

Se pensarmos como é difícil manter a harmonia com pais, filhos ou um companheiro, compreenderemos o que deve ter sido para aquelas pessoas se relacionar em tão poucos metros quadrados, sem poder sair dali e seguindo uma conduta estrita em cada detalhe.

À exceção de poucas pessoas, nem funcionários nem clientes sabiam deles, e, como a empresa ficava bem embaixo do esconderijo, qualquer mínimo ruído podia delatá-los. Por isso, mantinham um comportamento muito rigoroso.

Tinham horas específicas para usar o banheiro e a água, porque o encanamento poderia denunciar a presença das famílias escondidas. Andavam de meias para ninguém escutar seus passos. Quando estudavam ou liam em horário comercial, não conversavam, e só quando o comércio estava fechado se permitiam ouvir rádio para saber das notícias da guerra. Obrigavam-se a dormir a sesta para fazer menos barulho. Para evitar que notassem a luz interna, iluminavam-se com as pequenas janelas da parte posterior do edifício. Janelas que cobriam com panos escuros durante a noite.

Mas nem tudo foi um inferno.

À medida que o tempo passava, os adolescentes Annelies e Peter foram ficando cada vez mais próximos, até que se apaixonaram. Sim, em meio ao horror, à ameaça e ao medo, surgiu o amor. Peter e Anne se abraçavam e se beijavam no quarto do jovem, o único com um cômodo privado.

Os analistas priorizam a realidade psíquica sobre a "realidade objetiva". Aquela jovem estava reclusa havia muito tempo, sem ir à escola, sem pisar na rua, condenada a um confinamento insuportável. Mobilizada por seus sentimentos, porém, sua realidade era outra:

> *E à noite, na cama, quando concluo minhas orações com as palavras: "Obrigada, meu Deus, por tudo que é bom, gentil e bonito", meu coração se regozija. O "bom" é a segurança de nosso esconderijo, de minha saúde intacta, de todo meu ser. O "gentil" é Peter, o despertar de uma ternura que sentimos, sem ousar ainda, nem um nem outro, nomeá-la ou sequer roçá-la, mas que se revelará: o amor, o porvir, a felicidade. O "bonito" é o mundo, a natureza, a beleza e tudo o que é sublime e admirável. Já não penso na miséria, e sim na beleza que sobreviverá.*

Para Anne, Peter é seu despertar erótico e seu futuro: o amor, o porvir e a felicidade. Ainda que essas emoções precisassem se desenrolar em um isolamento injusto.

> *Tenho a sensação de que compartilho um segredo com Peter. Cada vez que ele me olha com aqueles olhos, com aquele sorriso e aquela piscadinha, acho que uma pequena chama se acende em mim. Ah, que continue assim! Que possamos continuar passando horas juntos, horas e horas de felicidade! Sua feliz e grata, ANNE.*

A vida é um lugar difícil e o ser humano é cruel. Por isso, os sonhos adolescentes de Anne e Peter não foram suficientes para mudar o destino deles.

Em 4 de agosto de 1944, policiais armados invadiram o Anexo Secreto.

Haviam sido descobertos. Talvez alguém os tenha delatado. Jamais se soube. Era um dia ensolarado, agradável. Mas, para os habitantes do Anexo Secreto, foi o início de um verdadeiro calvário.

Por volta das dez e meia da manhã, as forças de segurança irromperam no edifício da rua Prinsengracht. Um homem baixo, com um revólver na mão, apontou para os dois funcionários que haviam ajudado aquelas pessoas escondidas: a sra. Miep Gies e Victor Kugler, diretor da empresa, e exigiram que os acompanhassem em uma revista do edifício. Foi assim que descobriam a estante de livros giratória. A entrada do refúgio estava muito bem disfarçada, mas não o suficiente para evitar o olhar dos nazistas.

Otto estava ajudando Peter com suas tarefas. Ao descer, viu a esposa, suas filhas e a família van Pels imóveis com as mãos para o alto.

Decididos a tomar tudo que fosse de valor, a polícia começou a recolher tudo o que podia. O chefe esvaziou a mala de Otto e dela caíram umas folhas escritas, que não consideraram importantes. Levaram todos detidos, e aí começou outra história.

Dias depois, foram conduzidos ao campo de trânsito de Westerbork e, em poucas semanas, todos foram embarcados no último trem que partiu para o campo de extermínio de Auschwitz-Birkenau. Homens e mulheres esperavam separados na plataforma.

Essa foi a última vez que Otto viu sua família.

O que aconteceu com os oito habitantes do Anexo Secreto?

Edith foi separada de suas filhas Margot e Annelies e acabou sozinha em Auschwitz-Birkenau quando sua amiga Auguste foi deportada para Bergen-Belsen. A partir desse momento, sua saúde começou a decair. Entrou em um estado delirante; vagava procurando as filhas e se recusava a comer. Escondia a comida embaixo do colchão porque, segundo dizia, suas filhas precisavam mais que ela. Edith morreu de inanição em 6 de janeiro de 1945.

Margot, a mais velha, faleceu em Bergen-Belsen, de tifo, no início de março de 1945. Sua irmã, Annelies, morreu dias depois, da mesma doença e no mesmo lugar, pouco antes de o campo ser libertado.

Hermann van Pels entregou os pontos nem bem entrou em Auschwitz-Birkenau, o que significou sua sentença de morte. Três semanas após sua chegada, ao vê-lo deprimido e sem possibilidades de trabalhar, os nazistas o selecionaram para enviar à câmara de gás. Seu filho Peter foi obrigado a presenciar essa escolha.

Otto protegeu o jovem durante o tempo que estiveram juntos. Mas, apesar de seus conselhos, Peter se recusou a ficar na enfermaria de Auschwitz-Birkenau quando o campo foi abandonado. Achou que teria mais chances de sobreviver se participasse da marcha de evacuação para o campo de extermínio de Mauthausen. Estava enganado. Morreu aos 18 anos, três dias antes de as tropas aliadas libertarem Mauthausen.

Não se sabe a data e o lugar da morte de sua mãe, Auguste van Pels, mas suspeita-se de que tenha morrido a caminho do campo de concentração de Theresienstadt ou pouco depois de chegar.

Fritz Pfeffer, o último a entrar no refúgio, morreu em 20 de dezembro de 1944 no campo de Neuengamme.

Quando todos partiram de Auschwitz-Birkenau, Otto decidiu ficar na enfermaria. Em 27 de janeiro de 1945, as tropas soviéticas entraram no campo e o resgataram. Otto considerou isso um milagre graças ao qual conseguiu sobreviver. Assim que pôde, escreveu para sua mãe para avisar: "Tive sorte e bons amigos".

Assim que juntou um pouco de energia, iniciou o regresso aos Países Baixos. Junto com outros sobreviventes, embarcou em um navio que se dirigia a Marselha, na França, e lá soube da morte de sua esposa. Então, agarrou-se à ilusão de reencontrar as filhas. Mas essa ilusão terminou em Amsterdã, quando algumas religiosas que haviam compartilhado o cativeiro com Margot e Anne lhe contaram sobre os últimos dias e a morte delas pela doença.

Essa notícia o deixou arrasado.

Mas decidiu viver, apesar do horror. E, para isso, contou com a ajuda inestimável de uma de suas filhas: Annelies... Anne.

Tempos depois da prisão no Anexo Secreto, Miep Gies e Bep Voskuijl, duas das pessoas que os haviam ajudado durante o confinamento, voltaram ao local e encontraram espalhadas pelo chão aquelas folhas manuscritas que haviam caído da mala de Otto durante a revista nazista. Percorreram os cômodos e encontraram mais papéis dispersos, todos escritos com a mesma letra. Guardaram tudo, com a esperança de poder um dia devolvê-los a alguém da família.

Embora não soubessem, aquelas folhas pertenciam a um diário que Annelies havia ganhado de presente em seu aniversário de treze anos, no qual ela relatava as intimidades dos 761 dias de confinamento e os pensamentos e emoções que a habitaram durante esse tempo.

Ao saber da morte das meninas, Miep Gies, que agora abrigava Otto em sua casa, entregou-lhe as folhas que havia recolhido do chão do refúgio secreto.

— Tome — disse. — Este é o legado de sua filha Anne.

Em um primeiro momento, o homem não quis ler aqueles textos. Como escreveu à sua mãe, não tinha as forças necessárias para isso. Mas logo mudou de ideia.

Otto sempre achara que tinha uma boa ideia do que se passava dentro da cabeça de Anne, mas quando leu seu diário compreendeu que não.

> *A Anne que surgiu diante de mim era muito diferente da filha que eu havia perdido. Eu não tinha a menor ideia da profundidade de seus pensamentos e sentimentos.*

O homem não só o leu como também o compartilhou com amigos e familiares, e, mais tarde, decidiu publicar o material com o título de "Anexo Secreto", e difundi-lo foi a paixão que deu sentido à sua vida. Mas não foi fácil encontrar um editor tão logo após a guerra, porque a maioria das pessoas queria olhar para o futuro, e não percorrer os próprios traumas e a dor.

Mas Otto não renunciou a seu desejo. Queria que o mundo inteiro soubesse o que havia acontecido. Que a voz de sua filha fosse um testemunho do horror.

E conseguiu.

Aquelas folhas espalhadas pelo chão de um refúgio oculto atrás de uma estante se tornaram um dos livros mais lidos da humanidade. Hoje, *O diário de Anne Frank* é, apesar do horror, uma demonstração da força da pulsão de vida.

Otto morreu em 19 de agosto de 1980. Pouco antes de sua morte, disse em uma entrevista:

> *Já tenho quase noventa anos e minha energia está se desvanecendo lentamente. Mas a missão que Anne me deixou continua renovando minhas forças: lutar pela reconciliação e pelos direitos humanos no mundo todo.*

O diário de Anne Frank não é só um testemunho. É a demonstração da força da pulsão de vida. Vejamos essa força nas palavras de Anne:

O que devemos fazer quando nos encontramos em desgraça? Não sair dela? Se assim fosse, estaríamos perdidos. Por outro lado, acho que voltando-nos para o que é belo – a natureza, o sol, a liberdade, a beleza que há em nós – nos sentimos enriquecidos. Sem perder isso de vista, tornamos a nos encontrar em Deus e recuperamos o equilíbrio. Aquele que é feliz pode fazer os outros felizes. Quem não perder a coragem e a confiança jamais perecerá na calamidade.

É comovente ler os pensamentos daquela adolescente que mantinha a coragem apesar da situação extrema que enfrentava. Mas não há outra maneira. Ao menos, era nisso que ela acreditava:

Realizar uma coisa fácil não demanda nenhum esforço. É preciso praticar o bem e trabalhar para merecer a felicidade.

E por isso lutou, inclusive com suas contradições.

Mais de uma vez, eu me pergunto se, para todos nós, não teria valido mais não nos esconder e estar agora mortos, mais que passar por todas estas calamidades, especialmente por nossos protetores, que pelo menos não estariam em perigo. Nem mesmo este pensamento nos faz retroceder, ainda amamos a vida, não esquecemos a voz da natureza, apesar de tudo.

André Comte-Sponville disse que a felicidade é a capacidade de amar a vida.

Se é isso, Anne conseguiu ser feliz.

Seu pai também conseguiu o que parecia impossível. Continuou apostando em seu desejo. Casou-se com uma mulher que, como ele, havia perdido a família em um campo de concentração.

Otto Frank cuidou de todos enquanto pôde. Foi um grande homem antes, durante e depois da guerra. Enfrentou a morte de sua esposa, de suas duas filhas, de seus amigos, fez trabalhos forçados em um campo de concentração e, mesmo assim, voltou a amar e lutou até seu último dia para que a voz de sua filha fosse ouvida por toda a humanidade. Uma humanidade cruel, capaz de inventar a guilhotina, a tortura, a guerra. E os campos de concentração.

2
NÃO MUITO LONGE

Se existe Auschwitz, não existe Deus.

Sim, a frase pertence a Primo Levi, escritor italiano de origem judaica sefardita que participou da resistência antifascista no norte de seu país, onde foi capturado e enviado a Auschwitz. Como sabemos, quando foi libertado e voltou a Turim, publicou *Se isto é um homem*, o primeiro dos três livros que dão forma à sua conhecida "Trilogia de Auschwitz", no qual detalha os tormentos que sofriam os prisioneiros do campo de concentração e sua luta cotidiana pela sobrevivência.

Uma luta na qual, com frequência, o mais importante era arranjar um pedaço de pão ou um par de sapatos para não morrer de fome ou de frio.

Para aniquilar qualquer traço de subjetividade em suas vítimas, os nazistas lhes retiravam o nome, essa palavra que nos antecede e que alguém – em geral nossos pais – pensou para nós, que representa um desejo, um afeto, um lugar que nos espera para nos dar as boas-vindas ao mundo humano. Conhecedores do valor do nome, os captores o substituíam por um número que marcavam a fogo no corpo de seus prisioneiros. Assim, pretendiam transformá-los em mais um objeto em meio a uma enorme série de outros.

Tanta crueldade, no entanto, não foi suficiente para vencer o espírito daqueles que mantiveram seu ser apesar da fome, da injustiça e da tortura.

O que vem a seguir é a história de duas pessoas que encontraram um pouco de céu no meio daquele inferno.

Haim foi detido certa manhã quando estava indo para o trabalho. A estrela de Davi que levava no braço o "marcava" como membro da comunidade judaica, e isso bastou para que o colocassem em um trem que o levaria até um dos campos de concentração.

Havia ouvido muitas coisas, mas Haim não sabia o que esperar.

Por alguns relatos, soubera que os deportados aos campos eram obrigados a trabalhar até morrer ou eram aniquilados em câmaras de gás. Mesmo assim, naquele trem lotado de gente que o levava a seu destino, Haim desejava que as coisas fossem diferentes. Estava enganado. Os horrores que lhe haviam contado não chegavam nem perto da realidade que teria que enfrentar.

Como era jovem e forte, passou na primeira seleção, na qual muitos foram levados diretamente para as câmaras de gás. Ele, em contrapartida, foi encaminhado aos trabalhos forçados.

Foi conduzido a uns barracões gelados onde lhe assinalaram um catre cheio de piolhos que seria seu lugar de dormir e o único lar que conheceria durante muito tempo.

Ao entrar, ele se espantou quando viu os prisioneiros. Desnutridos, cabeça raspada, doentes, machucados e em um estado tão humilhante que – tal como se perguntaria Primo Levi anos mais tarde – questionou se aqueles espectros que tinha diante de si eram homens.

Todos usavam uniformes listrados e tinham uma magreza tão extrema que Haim não compreendia como podiam se manter em pé e trabalhar. Não era raro ver alguns caírem rendidos no chão, todas as manhãs, diante do regozijo doentio de seus captores.

Em seu livro *O chiste e sua relação com o inconsciente*, Freud ressalta a importância do sorriso, esse *plus* de gozo que surge em quem curte uma piada. Um *plus* que, muitas vezes, longe de provir de um lugar saudável, é a face que a pulsão de morte exibe ao encontrar algum grau de satisfação.

Haim percebia com espanto o sorriso que se desenhava no rosto dos *kapos* quando os prisioneiros desmaiavam de exaustão.

Porque encontravam o pretexto para exercer toda sua violência. Aproximavam-se do caído, chutavam-no, ameaçavam-no com uma arma e, em algumas ocasiões, inclusive o matavam na frente de seus companheiros, que tinham que prosseguir com suas tarefas como se nada houvesse acontecido.

O terror era parte de seus dias.

Em pouco tempo, Haim era mais um daqueles esqueletos ambulantes que todas as manhãs saíam para trabalhar na neve e se arrastavam em busca de um pedaço de pão.

Aquilo era um homem?

Não foram poucas as vezes que, como Anne Frank em seu esconderijo, ele se perguntou se valia a pena viver daquele jeito.

Seus pais e suas irmãs haviam sido assassinados pelos nazistas. Só restava ele, que àquela altura já não tinha nome, nem família, nem sonhos. Não dá para viver sem ilusões, muito menos em um corpo que dói cada vez mais, que não para de sofrer e que é objeto do gozo sinistro dos mais fortes. Melhor seria a morte.

Acordou com essa ideia certa manhã. Como de costume, andou pela neve até chegar ao lugar onde teria que trabalhar o dia inteiro com os outros prisioneiros para levantar uma nova barricada. Já havia pensado em tudo. Seria ao meio-dia, quando paravam meia hora para almoçar um caldo sem gosto e dois nabos sujos. Só tinha que sair correndo para chegar ao caminho que levava à saída para que o oficial lhe ordenasse a parar ou atirasse nele pelas costas. Seria seu fim. Uma morte mais digna que a vida que levava.

O ritual do *kapo* era sempre o mesmo: dez minutos antes do almoço, afastava-se uns passos para fumar um cigarro, enquanto eles, os prisioneiros, trabalhavam com suas pás com esforço, loucos para ouvir a ordem para poder tomar água e comer. Eram proibidos de erguer a vista do chão.

Haim revirava a terra para juntar uns escombros. O *kapo* estava a alguns metros. Quando o homem pegou o cigarro, Haim soube que havia chegado a hora. Respirou fundo para tomar coragem, endireitou as costas e levantou o olhar do chão para localizar a saída.

Então os viu.

Olhos cheios de confusão o olhavam por entre o arame farpado. Do outro lado do alambrado ficava o campo das mulheres. Tinham que ficar separadas, os homens jamais podiam vê-las. Mas, naquele momento, ela havia chegado até a cerca sem que o oficial notasse, e estava ali, com as mãos no arame farpado. E olhava para ele.

Haim, que estava pronto para sair correndo e levar um tiro nas costas, ficou imóvel. Fazia meses que ninguém olhava para ele. E sentiu que nunca o haviam olhado daquele jeito.

Ela também estava consumida pela fome. Era apenas um espectro, como ele. Seu olhar, porém, tinha certo enigma, aquela magia que aparece com o desejo.

Em um impulso, em vez de correr para que o matassem, Haim se aproximou mais do alambrado. Os olhos da jovem eram claros. Apesar da fome, não tinha olheiras. Só um pedido sem voz que tocou a alma dele. E o fez se sentir humano de novo.

Falamos muito da importância do reconhecimento. Dissemos que é a única coisa que nos torna $ujeitos humanos: o olhar de alguém que nos faz sentir que nossa existência é importante. E, em meio ao horror, entregue, com um plano para morrer, os olhos daquela desconhecida lhe devolveram a vontade de estar vivo.

A partir daquele dia, tudo mudou.

Todas as manhãs, em vez de ir revirar escombros ou tentar fugir da vida, Haim ia procurá-la. Só queria reencontrar aqueles olhos que lhe haviam devolvido a humanidade.

Desconfiava que, do outro lado do arame farpado, ela sentia o mesmo. Porque, todas as manhãs, dava um jeito de fugir dos *kapos* e ir até o alambrado.

Assim, a cada dia, aqueles dois pares de olhos iam se buscar para se dizer que, por mais que os nazistas tentassem destruí-los, ainda eram duas pessoas capazes de amar.

O tempo passou e a guerra chegou ao fim. Derrotados, os nazistas desmontaram e destruíram os campos de concentração e toda e qualquer prova do horror que haviam causado.

Haim saiu de seu barracão e descobriu que não havia mais oficiais alemães nem *kapos* para torturá-lo. Com as poucas forças que lhe restavam, percorreu o local e compreendeu que havia sido abandonado.

Logo cruzou com um homem, e outro, e mais outro. Corpos doentes que haviam sobrevivido. Foi até a cerca que separava o campo das mulheres e se dirigiu aos barracões.

Procurou-a entre as jovens que ainda estavam ali. Perguntou por ela aludindo a seus olhos claros, que era a única coisa que podia descrever com exatidão. Mas ninguém sabia de quem ele estava falando.

Apesar de ter procurado com esmero, não conseguiu encontrá-la. Nem no dia que deixou o campo, nem mais tarde.

Pouco tempo depois, voltou à sua casa. Um lar vazio que não tinha mais donos. Mas não parava de procurá-la. Em cada lugar que visitava buscava aqueles olhos sem nome que o haviam mantido vivo.

Foi em uma reunião na qual uma mulher comentou que havia sido prisioneira naquele campo. O coração de Haim deu um salto. Tinha certeza de que ela devia ter compartilhado seu cativeiro com "a jovem do olhar", como a chamava em segredo.

A mulher comentou que talvez ele se referisse a uma das garotas que viviam em uma cidadezinha próxima que foram capturadas e levadas àquele campo de concentração.

Sem hesitar, Haim se dirigiu àquela cidadezinha e conversou com algumas mulheres que haviam estado detidas naquele período anterior à libertação. Uma delas disse que a mulher que buscava podia ser qualquer uma entre as tantas que haviam decidido migrar com a família para um lugar muito distante chamado Argentina.

Naquela noite ele não dormiu. Desconhecia o nome, a idade e inclusive o rosto da "jovem do olhar", mas agora ao menos tinha um dado: Argentina.

Decidido a ir até lá, descobriu que aquele país distava muito de ser uma aldeia pequena como as que ele conhecia. Ao contrário, era um dos países mais extensos do mundo. Mas isso não o deteria.

Haim juntou o dinheiro necessário e, certa manhã, depois de uma longa viagem, chegou ao porto de Buenos Aires. Sozinho e sem entender o idioma, tentou encontrar algo que o ajudasse. Mas foi em vão.

O tempo passou.

Haim começou a trabalhar e construir sua vida naquele novo lugar. Apesar de ter conhecido algumas jovens, recusava-se a casar. Todas as manhãs, todas as noites, em cada bar, em cada encontro, buscava os olhos dela.

Certa vez, enquanto celebrava o *shabbat* na casa de uns conterrâneos, a esposa de um amigo comentou que havia sido prisioneira no mesmo campo que Haim e que havia ido à Argentina com outras famílias que também estiveram lá.

O coração de Haim acelerou. Imediatamente perguntou por elas. A mulher pensou e respondeu que havia se separado de algumas ao chegar ao país, mas sabia que outras haviam ido para umas cidadezinhas serranas da província de Córdoba.

Sem hesitar, Haim comprou uma passagem e retomou a busca. Percorreu cada cidade perguntando por alguma família judia que houvesse chegado por aqueles anos. Ao dizer isso, compreendeu quanto tempo havia se passado, quanto tempo fazia que perseguia um sonho impossível, e começou a chorar, com esse choro contido de quem enfrenta a injustiça.

Antes de voltar para casa, pronto para se dar por vencido, visitou a última cidadezinha, a mais distante.

Era um dia ensolarado. Seus passos eram lentos e estava triste. Não tinha mais ilusões. Na verdade, tinha raiva. Sua família estava morta e ele havia suportado a fome, o frio, a tortura, os trabalhos forçados, a humilhação e o exílio. Não era justo. Merecia ao menos que o único sonho de sua vida se houvesse realizado.

Imerso em seus pensamentos, chegou à porta de uma casa que tinha um jardim na frente. Viu uma mulher de costas recolhendo flores. Como havia feito tantas vezes, bateu palmas para anunciar sua presença. A mulher voltou apenas o rosto ao ouvi-lo e um raio de sol cintilou em seus cabelos. Eram dourados. Como a tarde. Ela se aproximou.

E aqueles olhos tornaram a se olhar.

Depois de tantos anos, ele a havia encontrado.

Nenhum dos dois disse nada. As palavras não foram necessárias.

Nem antes, nem agora.

Ela correu até parar diante dele. Olharam-se como antes. Mas, dessa vez, bem de perto e livres do arame farpado. E começaram a chorar ao mesmo tempo.

Ele acariciou o rosto dela. Ela lhe beijou a mão.

E, em uma rua de terra no meio da serra, Haim e Elsa se abraçaram pela primeira vez.

Ele inspirou e sentiu o cheiro do pescoço dela. Nesse momento, recordou como havia respirado fundo para se levantar a fim de iniciar seu plano de ser morto.

Olhou-a de novo, comovido. E só lhe disse: "Obrigado".

Elsa se apertou no corpo dele e liberou um grito que mantinha preso havia muito tempo. Também não havia se casado. Segundo disse, porque sabia que um dia ele a resgataria, e assim foi.

Quem me contou essa história foi a neta de Elsa, em um dia de chuva, enquanto tomávamos uma taça de vinho. E me disse que não recordava um só dia em que não houvesse visto seus avós felizes.

Em silêncio, para disfarçar uma lágrima, levantei o olhar e olhei pela janela. Fora, nas árvores molhadas, ainda se adivinhava algo do dia que acabava. E pensei, como Borges, que, às vezes, assim como Deus, a felicidade também espreita entre o arame farpado, nas fendas mais inesperadas do destino.

PALAVRAS FINAIS

Ao longo deste livro, visitamos fatos e personagens de meu passado, da filosofia, da história, da ciência, da literatura, da mitologia e da psicanálise com um objetivo: jogar luz (ou sombras) sobre a felicidade.

Assim, como sempre, estivemos com Jacques Lacan, que, ao acompanhar seus pacientes, não sabe que é Virgílio.

Olhamos para o consultório, com as profundezas de cada pessoa que o visitou. E admitimos que nenhuma delas entrou dizendo que era feliz.

Paramos diante de minha biblioteca e percorremos meus livros, meu piano, mas também meu violão. E a história de uma ilusão fracassada com a música.

Abraçamos meu pai pedreiro, que, além das casas que construiu, com sua proteção e seu pranto também edificou muito do que sou. E minha mãe, fazedora e pujante que pôde ouvir meu desejo de ser músico. Com eles aprendi que o "bom ouvido" daqueles que percorrem nossa infância é crucial nos assuntos da felicidade.

Agradeci às personagens de minha infância que me estenderam a mão para que eu pudesse ser feliz. Seu Roque, que me dizia quando atravessar a rua, o mercadinho do Tano e uma janela milagrosa. "El Colo" e o *Adágio*, de Albinoni. Nas primeiras páginas deste livro, eu disse que nunca pude agradecer àquele garoto que mudou minha vida. E a ingratidão é o pior dos pecados.

Agora que percorremos mais o caminho, eu me pergunto: fui uma criança feliz ou, como minha paciente Daniela com suas fotos, acabei reconstruindo as imagens de meu passado para recordá-lo dessa maneira?

Falamos dos ascetas que buscavam a felicidade na perfeição espiritual, na solidão plena, para que só Deus pudesse estar com eles. Mas, embora ascetas, também humanos. E, além de Deus, os demônios. Esses fantasmas com os quais – se tivermos sorte – conseguiremos conviver em paz.

E mais.

Nasio e sua vocação: "Sim, a psicanálise cura". Apesar disso, *sempre restará uma parte de sofrimento, um sofrimento irredutível, inerente à vida, necessário à vida. Viver sem sofrimento não é viver.*

Nietzsche e Schopenhauer, que insinuam que não devemos perder tempo no infrutífero, sem entender que não temos mais alternativas além de insistir no infrutífero: a busca do amor, a perseguição dos desejos, a tentativa de construir um instante de felicidade.

Laferrere, Liniers, Florida, Retiro, o metrô, o trem. Os domingos. Um livro. Territórios e tempos de felicidade e dor. Cortázar, que me ensinou o olhar para os outros, os anônimos. Aqueles rostos inexpugnáveis que passavam diante de meus olhos de viajante e meu olhar surpreso. E – talvez o mais importante – me ensinou também a pensar nos outros. São Tomás de Aquino disse que *é muito mais bonito iluminar que simplesmente brilhar.* Da mesma maneira, acho que é mais bonito tentar compreender quem observamos, construir mundos a partir do contemplado, que só contemplar.

Surgiu *Guernica*, e recordo uma tirinha de Quino, o genial autor de Mafalda. Em uma sala na mais completa bagunça, vemos que a – aparente – dona de casa dá instruções à sua empregada para que ponha as coisas no lugar. Então, no quadro que encerra a tirinha, a mulher, que levou a ordem muito a sério, não só arruma tudo que estava esparramado como também "organiza" as figuras de uma reprodução de *Guernica* que está em uma das paredes. Assim, o fragmentário, o quebrado, o horror da pintura original de Picasso, depois da "intervenção", adquire formas mais gentis, organizadas. Felizes?

Mais ou menos isso fazemos quando olhamos para trás querendo que tudo seja agradável, que tenha um sentido que nos permita evitar as feridas. Assim, construímos uma ordem aparente. Enganosa. Mas a verdade é como a água. Não importa como, ela sempre encontrará um jeito de se infiltrar e nos fazer ver (ouvir) o que tentamos negar. Mas quanto ímpeto dedicamos a acomodar um passado cheio de dores para torná-lo um passado querido!

Assim como Zêuxis e Parrásio, aqueles pintores que melhoravam a realidade, damos pinceladas ineptas em nossa história para colori-la de felicidade.

A infância é um território ingênuo no qual as ilusões são possíveis. Apesar disso, Zoe sente a ameaça do "abandono" toda vez que a deixo em sua escolinha. Porque a infância também é um mundo cheio de terrores.

Em nosso trajeto, espiamos Carrizo, Dolina, Ferrer e um elegante desespero: desejar-se um feliz passado. Vimos Pessoa e os aniversários plenos de felicidade quando ainda ninguém estava morto. Joan Manuel Serrat e sua infância, na qual um exército de botões substituía os soldadinhos de chumbo. E, com seus versos, volto a uma infância na qual não havia bolas de couro. Só as vermelhas de borracha que pulavam, as "Pulpo".

Caminhamos de mãos dadas com Cátulo Castillo e suas perguntas pelos mundos perdidos: *Onde estará meu subúrbio? Quem roubou minha infância?*

Mergulhamos em regressos impossíveis: o russo Salzman, o *Martín Fierro* e meu velho lar transformado em *tapera*. E a outra *tapera* à qual meu pai me levou. O campo, a noite, os medos, nossa conversa e a felicidade de me sentir um herói. Também a certeza de que não há regressos possíveis. De que toda volta é um regresso a lugar nenhum. Como o regresso do amado de Laodâmia, que voltou da morte por apenas três horas. Outro fracasso.

E a esperança da felicidade futura.

Esperanças às quais, como sugere Comte-Sponville, convém renunciar. Porque a esperança se opõe à felicidade.

Por isso a desilusão do pobre Enoch Soames, que perdeu a alma só para comprovar que o desejado também não estava mais à frente. E, uma vez mais, Borges, que se entusiasma com pensadores que imaginaram céus frustrados. Céus com algo de dor, porque ninguém é capaz de tolerar uma felicidade completa.

O fantasma de Anderson Imbert comprovou isso. Um espectro com suas esperanças no reencontro familiar. Frustração dupla: a morte e seu esplendor. Não há reencontro. E pior: não há nada.

Visitamos também lugares queridos.

Mar del Plata, os degraus de sua *rambla* e aquela sensação de felicidade que era um pouco do lugar e muito dos fatos que vestiram minha história. A felicidade, se está em algum lugar, está nas palavras, nos relatos. Os lugares são felizes só pelas histórias que contamos, pelo amor com que os investimos. Enfim, todos nós seremos, um dia, uma história que alguém contará, e para ser felizes temos que deixar as melhores letras possíveis. Só assim será possível montar uma história bonita sobre o que foi nossa vida. O milagre de Anne Frank.

Minha mãe e seu desejo de conhecer Paris.

O filho de Alessandro, sua viagem à Itália e a emoção de um encontro inesperado com palavras e histórias que nem sequer suspeitava. E a intuição de que nossa própria bagagem (essa espécie de alento de nossa felicidade) está nos lugares mais inesperados.

Einstein e seu voluntarismo humanista. Freud e sua resposta trágica:

> *Por que nos indignamos e nos sublevamos tanto contra a guerra, você, eu e tantos outros? Por que não a admitimos como mais uma – e não há poucas – das tantas penosas e dolorosas misérias e calamidades da vida?*

O poeta e sua tristeza diante do transitório. E a sentença de Freud: não devemos renunciar à beleza da vida só porque é passageira.

Schopenhauer, que outra vez oferece seu olhar diante das tentativas de Freud, de Einstein e até do poeta, e denuncia que a vida é nada mais que um pêndulo que vai da dor ao tédio.

Que lugar resta, então, para a felicidade?

E, rindo de tudo isso, rolando por Callao passa o louco de nossa balada mais querida, que vê a felicidade nos manequins que piscam para ele, nos semáforos que lhe dão três luzes azuis e as laranjas da quitanda da esquina que lhe jogam flores de laranjeira.

E um erro frequente: confundir a felicidade com o fim do sofrimento.

E o desafio de enfrentar as pulsões.

Hosenfeld, o nazista, e Szpilman, o pianista, unidos em um instante mágico. Um paradoxo que detém o tempo. E o horror.

O gozo que mostra o trono da pulsão de morte.

Frankenstein e a bomba atômica.

Meus pacientes Anabela, Ezequiel e Marisa.

Charlie (*A baleia*) e a desmesura. Um suicídio lento.

Daniel diante do horror: um suicídio repentino. E o cadáver de sua mãe.

E um tempo e espaço sem tempo nem espaço.

E mais uma pergunta: a felicidade depende de nós?

Então, Bertrand Russell aparece e nos convida a tentar conquistar alguma felicidade.

Natu Poblet, o champanhe matutino e sua necessidade de que nos juntemos para pensar. Um ritual clássico e moderno ao mesmo tempo.

E sempre os gregos.

Keres e o destino. A desmesura de Belerofonte e sua pretensão de subir ao céu, e a beleza desmedida da Medusa.

Filipe da Macedônia e sua oração: ao menos uma desgraça pequena.

Filoctetes. Sua chaga, sua dor, seu cheiro a morte e sua solidão.

Aquiles e seu desejo de glória e fama imperecíveis.

E se infiltram Jiménez de Quesada e sua obsessão por conseguir uma riqueza interminável, e Ponce de León e a obcecada busca pela eterna juventude.

E um herói crioulo, Adolfo Bioy Casares com seu Gauna, seu Valerga e seu carnaval com personagens desmesuradas e uma tragédia inevitável.

De repente, surge o acaso.

Le Gentil e uma nuvem cruel.

Ésquilo e a morte insólita.

Fleming e o inesperado.

Diógenes, que quer seu pedaço de sol, e Alexandre Magno, que deseja ser Diógenes.

Edgar Cabanas e Eva Illouz, que denunciam a "ciência da felicidade" e a construção de paraísos individuais.

Narciso e Eco. A condenação de ser amado sem poder amar.

Schweitzer, seu piano, a felicidade e o sucesso. Dois temas diferentes.

Byung-Chul Han e a possibilidade de uma felicidade doente.

O lunfardo, meu tio e o tango. Paraísos de minha infância.

De novo *Guernica* e a aglomeração da dor. Ou a atrocidade do humano.

Meu avô Felipe, a onça, o olhar, o pau e a coragem de sua mãe "índia".

A felicidade buscada. Uma quimera.

Perseguidores de elixires, pedras filosofais e fontes.

Titônio e a velhice eterna.

Eladia Blázquez e a felicidade presente. Depois, de que adianta?

Antonio Gala e a morte como um fato bem pensado. Para não continuar sofrendo? Para ser feliz?

Jorge, meu amigo, e seu sorriso final.

Unamuno e o sentimento trágico como condição da felicidade.

Astor e seu caminho para Piazzolla.

El gran deschave e a dependência da distração... com que fim?

Aquele gato borgiano, feliz desconhecedor da morte.

É preciso ignorar para ser feliz?

E de novo o horror.

Otto Frank, sua filha Anne e a pulsão de vida em um inferno que nem Dante teve a coragem de imaginar.

Haim, Elsa e uns olhos para ser, para se nomear, para continuar vivendo. E para amar.

O amor é uma das formas da felicidade?

Talvez.

E estas palavras finais.

Palavras que retornam sob a forma de perguntas sem resposta e pensamentos desordenados.

Dissemos que talvez a recordação seja um fato artístico que nos permite melhorar a realidade. Ou destruí-la. Então, será que toda felicidade é, em alguma medida, uma felicidade enganosa e ressignificada?

Não é possível ser feliz se não aceitarmos que sempre restará algo por alcançar. Algo que gera um desejo que é indispensável para a vida. Se não abraçarmos esse desejo e a falta que o gera, viveremos frustrados. E ninguém pode ser feliz e estar frustrado ao mesmo tempo.

Porém existe o amor. Que não é a felicidade, mas se parece muito com ela.

Um amor que não nos completa, mas que pode nos dar momentos eternos que roçam instantes felizes. Como a emoção de minha mãe, o sorriso agonizante de Freud diante do reconhecimento de Einstein, ou o vinil de "El Colo" girando em minha casa.

A felicidade não é o sucesso nem a completude. Também não é algo que encontramos ao satisfazer aquilo que se espera de nós.

Costumamos confundir a felicidade com a euforia. Longe disso, é preciso calma para saborear o prazer. A euforia é húbris, a desmesura. E o que é demais machuca e adoece.

Ninguém pode ser feliz no meio de uma tragédia.

A vida, porém, é uma trama cheia de surpresas e perigos. Cheia de dúvidas e sofrimento.

Se o gozo fere, por que Lacan afirmou que vivemos porque gozamos?

Porque viver sem dor não é viver.

Porque uma vida sem dor é uma vida sem amor.

É verdade que o gozo e a dor não são a mesma coisa. Mas, assim como o amor e a felicidade, às vezes o gozo e a dor também se parecem muito. E é preferível a dor à anestesia proposta por essa vida inverídica que pretende nos aprisionar na busca de metas falsas ou na tela de um celular.

Temos que ser valentes e resistir a esse convite. Mas é difícil. Por mais que doa. Afinal de contas, uma felicidade doente é possível, mas uma felicidade anestesiada, não. E muito menos uma felicidade covarde.

Neste livro, proponho o desafio de não nos refugiarmos no passado nem no porvir.

A felicidade é urgente.

É aqui e agora.

E não é com tudo.

A completude é uma utopia, e, para ser feliz, é necessário agarrar-se à verdade. E a verdade é que não seremos felizes quando encontrarmos o que buscamos. Porque o que julgamos buscar é um engodo. Ninguém sabe o que busca. Vamos atrás de algo que está perdido para sempre.

Por isso a falta.

Uma felicidade completa não é possível. Se existe uma felicidade, será uma felicidade imperfeita. Uma felicidade na falta. Que não é a mesma coisa que faltar a felicidade. Não há por que faltar. Façamos o possível. E assumamos uma coisa:

A felicidade não existe.

Só existe a *faltacidade*.

Gabriel Rolón
Novembro de 2023

FIM